"十三五"国家重点出版物出版规划项目

转型时代的中国财经战略论丛 ◢

增加值贸易统计下
中国制造业价值链地位的测度
及影响因素研究

杨晓静　著

中国财经出版传媒集团

经济科学出版社
Economic Science Press

图书在版编目（CIP）数据

增加值贸易统计下中国制造业价值链地位的测度及影响
因素研究/杨晓静著.—北京：经济科学出版社，2020.9
（转型时代的中国财经战略论丛）
ISBN 978 - 7 - 5218 - 1937 - 3

Ⅰ.①增…　Ⅱ.①杨…　Ⅲ.①制造工业 - 工业发展 -
研究 - 中国　Ⅳ.①F426.4

中国版本图书馆 CIP 数据核字（2020）第 188561 号

责任编辑：宋　涛
责任校对：王肖楠
责任印制：李　鹏　范　艳

增加值贸易统计下中国制造业价值链地位的
测度及影响因素研究

杨晓静　著

经济科学出版社出版、发行　新华书店经销

社址：北京市海淀区阜成路甲 28 号　邮编：100142

总编部电话：010 - 88191217　发行部电话：010 - 88191522

网址：www.esp.com.cn

电子邮箱：esp@esp.com.cn

天猫网店：经济科学出版社旗舰店

网址：http://jjkxcbs.tmall.com

北京季蜂印刷有限公司印装

710×1000　16 开　12.75 印张　200000 字

2020 年 11 月第 1 版　2020 年 11 月第 1 次印刷

ISBN 978 - 7 - 5218 - 1937 - 3　定价：51.00 元

（图书出现印装问题，本社负责调换。电话：010 - 88191510）

（版权所有　侵权必究　打击盗版　举报热线：010 - 88191661

QQ：2242791300　营销中心电话：010 - 88191537

电子邮箱：dbts@esp.com.cn）

总　序

山东财经大学《转型时代的中国财经战略论丛》（以下简称《论丛》）系列学术专著是"'十三五'国家重点出版物出版规划项目"，是山东财经大学与经济科学出版社合作推出的系列学术专著。

山东财经大学是一所办学历史悠久、办学规模较大、办学特色鲜明，以经济学科和管理学科为主，兼有文学、法学、理学、工学、教育学、艺术学八大学科门类，在国内外具有较高声誉和知名度的财经类大学。学校于 2011 年 7 月 4 日由原山东经济学院和原山东财政学院合并组建而成，2012 年 6 月 9 日正式揭牌。2012 年 8 月 23 日，财政部、教育部、山东省人民政府在济南签署了共同建设山东财经大学的协议。2013 年 7 月，经国务院学位委员会批准，学校获得博士学位授予权。2013 年 12 月，学校入选山东省"省部共建人才培养特色名校立项建设单位"。

党的十九大以来，学校科研整体水平得到较大跃升，教师从事科学研究的能动性显著增强，科研体制机制改革更加深入。近三年来，全校共获批国家级项目 103 项，教育部及其他省部级课题 311 项。学校参与了国家级协同创新平台中国财政发展 2011 协同创新中心、中国会计发展 2011 协同创新中心，承担建设各类省部级以上平台 29 个。学校高度重视服务地方经济社会发展，立足山东、面向全国，主动对接"一带一路"、新旧动能转换、乡村振兴等国家及区域重大发展战略，建立和完善科研科技创新体系，通过政产学研用的创新合作，以政府、企业和区域经济发展需求为导向，采取多种形式，充分发挥专业学科和人才优势为政府和地方经济社会建设服务，每年签订横向委托项目 100 余项。学校的发展为教师从事科学研究提供了广阔的平台，创造了良好的学术生态。

习近平总书记在全国教育大会上的重要讲话，从党和国家事业发展全局的战略高度，对新时代教育工作进行了全面、系统、深入的阐述和部署，为我们的科研工作提供了根本遵循和行动指南。习近平总书记在庆祝改革开放40周年大会上的重要讲话，发出了新时代改革开放再出发的宣言书和动员令，更是对高校的发展提出了新的目标要求。在此背景下，《论丛》集中反映了我校学术前沿水平、体现相关领域高水准的创新成果，《论丛》的出版能够更好地服务我校一流学科建设，展现我校"特色名校工程"建设成效和进展。同时，《论丛》的出版也有助于鼓励我校广大教师潜心治学，扎实研究，充分发挥优秀成果和优秀人才的示范引领作用，推进学科体系、学术观点、科研方法创新，推动我校科学研究事业进一步繁荣发展。

伴随着中国经济改革和发展的进程，我们期待着山东财经大学有更多更好的学术成果问世。

山东财经大学校长

2018 年 12 月 28 日

前　言

20 世纪 80 年代以来，随着经济全球化进程的不断加快，产品内分工和中间品贸易快速发展并越来越普遍，传统总值贸易统计因为"重复计算"而导致虚高的"统计假象"，已经无法反映一国真实的贸易状况和价值链地位，迫切需要采用更加科学的统计方法——增加值贸易统计法来进行准确测度。增加值贸易统计法与改进的出口复杂度指标和全球价值链地位指数（以下简称 GVC 地位指数）相结合，可以真实反映一国制造业价值链地位。测算结果显示，中国作为世界排名第一的制成品出口大国，制造业却"大而不强"，深度参与了全球价值链分工，但地位被"低端锁定"，再加上面临国内成本上升、市场需求结构升级和国外发达国家高端制造业回流、发展中国家中低端分流的"内忧外患"的双重压力，价值链地位亟待提升。

本书以增加值贸易统计下中国制造业价值链地位的测度及影响因素为选题，以经典的经济学、产业经济学、国际贸易学、空间经济学以及统计学理论为基础，使用本土制造业出口国内技术含量指标和 GVC 地位指数，区分加工贸易和一般贸易，测度了两种贸易类型各自的价值链地位，并对其影响因素进行了多维度的经验考察；此外，分析了"一带一路"倡议促进中国价值链地位提升的机理，并使用增加值贸易统计数据进行了实证检验并指出了具体的实施路径。

本书共分 8 章。其中，第 1 章是绪论；第 2 章是文献述评，主要回顾梳理了关于增加值贸易统计方法、价值链地位测度及影响因素以及增加值贸易统计与价值链地位关系的文献，并进行了述评；第 3 章是分析中国制造业发展及出口贸易现状，为后面的测度和计量检验打基础；第 4 章是增加值贸易统计下中国制造业价值链地位的测度，主要采用增加值贸易统计方法，区分加工贸易和一般贸易，具体测度了中国制造业的价值链地位；第5章是增加值贸易统计下制造业价值链地位影响因素的理论模型，属于理论分析部分，为后面的实证检验作铺垫；第6章是增加值贸易统计下中国制造业价值链地位影响因素的实证研究，属于实证分析部分；第7章是增加值贸易统计下"一带一路"倡议促进中国制造业价值链地位提升的机理和实证研究，第8章是结论、政策建议及研究展望。

本书主要结论主要有以下五个：增加值贸易统计方法能更准确反映中国制造业的价值链地位；中国制造业在全球价值链中参与程度较高，但地位低下，亟待提升；加工贸易价值链地位高于一般贸易，两者变化趋势完全不同；中国制造业价值链地位更多受到外部因素的影响，内部因素的作用未充分发挥；"一带一路"倡议有助于促进中国制造业价值链地位的提升。

基于上述结论，本书提出以下九个政策建议：普及增加值贸易统计方法，继续鼓励和完善增加值贸易数据库建设；区分加工贸易和一般贸易，通过调节价值链参与程度来提升其价值链地位；区分FDI三种技术溢出，发挥其提升加工贸易和一般贸易价值链地位的作用；重视资本劳动比和研发强度对制造业价值链地位的作用，进行针对性处理；积极鼓励企业融入全球价值链，实现价值链地位的提升；加快推进"一带一路"区域价值链伙伴关系建设；依托自贸园区战略，实现其与"一带一路"的有效对接；结合自贸区战略，积极推动"一带一路"区域价值链伙伴关系建设；加强增加值贸易和价值链研究的国际合作，把握制定国际经贸规则的先机。

杨晓静

2020 年 9 月 2 日于济南

目　录

第1章 绪 论

20 世纪 80 年代以来，经济全球化的不断推进，使得同一产品内部跨国生产分工合作成为可能，并出现了大量的中间品贸易，在这种新形势下沿用传统总值贸易统计，会产生"重复计算"的问题，作为一种新的贸易统计方法，增加值贸易统计提供了相对科学的测度方法。中国制造业深入参与了全球价值链分工，然而地位总体低下，再加上面临"内忧外患"的双重压力，使得借助增值贸易统计法测度中国制造业真实的价值链地位并分析其影响因素，显得十分必要和重要。本章首先介绍选题背景并提出问题，然后说明了本书的理论意义和现实意义，接着介绍了本书的基本思路、主要内容、研究方法、基本观点和政策建议，并界定了相关概念，最后指出了本书的主要创新点及不足之处。

1.1 选题背景及问题的提出

20 世纪 80 年代以来，随着经济全球化不断深入，一方面，国际贸易和投资环境不断改善，商品和要素在全球范围内加速流动；另一方面，交通运输和信息通信技术的快速发展，产品内跨国生产分工合作越来越普遍，各国之间在同一个产品内不同工序、不同环节或者不同区段的分工合作成为常态，中间品贸易在国际贸易中越来越普遍，这种新的形势下，一件产品的价值来源实际上可能涉及很多国家或地区，而并不是完全由最终出口国来创造的。如果沿用传统的总值贸易统计方法，显然会导致"重复计算"，从而夸大产品最终出口国的贸易利得，因此，应该采用增加值贸易统计方法来弥补现有总值贸易统计的严重不足。

增加值贸易统计测算的是出口贸易中的附加值部分，即主要解决跨境贸易中的"重复核算"问题。2011 年 6 月 11 日，世界贸易组织（World Trade Organization，WTO）前总干事帕斯卡尔·拉米（Pascal Lamy）在日内瓦会议上公开建议用国内增加值作为对外贸易统计的标准。从 2011 年 WTO 与日本经济研究院共同发布报告，到 2012 年和经济合作与发展组织（以下简称 OECD）联合启动了"增加值贸易测算"的联合研究项目，到 2013 年与 OECD 共同推出增加值贸易数据库，再到 UNCTAD 发布正式的报告，此外，欧盟（European Union，EU）、亚太经济合作组织（APEC）等也先后开展了增加值贸易统计研究。目前看来，以增加值贸易为基础的全球价值链研究，已成为热点问题。

改革开放 40 多年来，中国已经建成了门类齐全、独立完整的制造体系，制造业整体已经具备相当的国际竞争力。中国利用劳动力资源丰富价格低廉的成本优势深度融入全球价值链，2017 年《世界贸易报告（2017）》显示中国全球价值链参与程度已接近 50%，然而，在欧美日主导的全球价值链中，中国制造业虽然参与程度很高，但一直只是从事技术含量不高、附加值较低的中低端产品制造和生产的中低端环节，利润极其微薄，而且这种状况持续多年都没有改变，这在一定程度上意味着中国制造业在全球价值链中已经被"低端锁定"。

此外，近年来中国制造业面临"内忧外患"的双重压力，一方面，国内劳动力成本上升，环境成本提高，中国制造业在全球价值链分工中竞争优势赖以存在的低廉劳动力成本和环境成本的优势正在逐渐消失，与此同时，市场需求结构升级对制造业提出了更高的要求，高端、高品质产品供给相对不足，导致潜在消费者存在流失的风险；另一方面，国际金融危机以来美国等发达国家的"再工业化"吸引了大量的高端制造业回流，发达国家跨国公司部分产业从中国撤离，同时跨国公司主导的部分劳动密集型产业正逐步从中国撤离，向越南等劳动力成本更低的国家进行转移。因此，如果还单纯依附于跨国公司主导的全球价值链，中国很难实现价值链地位的提升。

2015 年 9 月，中共中央、国务院正式发布指导新时期我国对外开放的纲领性文件《关于构建开放型经济新体制的若干意见》，其中明确提出：全面提升在全球价值链中的地位；增强参与全球价值链的广度和深度。2017 年党的十九大报告中提出"建设现代化经济体系"，首先是要求必须支持传统制造产业优化升级，实现高质量发展，推进制造大国向制造强国转变。2018年底部署的2019年七大重点工作中,第一核心就是要推动制造业高质量发展。

由此可见,制造业作为我国国民经济的支柱型产业,在全球价值链中参与程度高但是地位低下,同时又面临"内忧外患"的双重压力,亟须提升其在全球价值链中的地位。传统总值贸易统计存在"重复计算"的问题,容易高估一国的价值链地位,造成虚高的"统计幻象",增加值贸易统计的提出提供了测度价值链真实地位的有效方法。

那么,如何采用增加值贸易统计法测度中国制造业价值链地位?中国制造业在现行的全球价值链中是否被"低端锁定"?中国制造业价值链地位的影响因素有哪些?增值贸易统计下如何有效提升中国制造业价值链地位?"一带一路"倡议是否能够有效促进中国制造业价值链地位的提升?这些问题都是值得我们深入认识和研究的,也是本书致力于研究和解决的重点内容。

1.2 研究意义

3

1.2.1 理论意义

从理论意义来看,如何准确测度一国制造业价值链地位并确定其影响因素,一直是理论界和学术界关注的重点问题。20世纪80年代以来,随着经济全球化和产品内分工的深入开展,越来越多的国家特别是发展中国家已经或主动或被动地融入了全球价值链,一方面,迫切需要更加科学的统计方法和测度指标来对制造业价值链地位进行准确测度,增加值贸易统计的提出正好顺应这种形势,与改进的出口复杂度指标和GVC地位指数相结合可以有效剔除一国出口贸易中所包含的外国成分,真实反映一国制造业价值链地位;另一方面,需要建立统一的理论分析框架纳入各影响因素并解释其内在机制。本书以此为选题展开研究,不仅符合当前发展趋势,为该领域的理论和实证研究提供了全新的分析工具和方法,而且也为本领域后续学者的深入研究提供了较好的借鉴。由此可见,本书的研究具有重要的理论意义。

1.2.2 现实意义

从实际意义来看，中国作为最大的制成品出口大国，制造业在国民经济生活中具有举足轻重的地位和作用。然而制成品出口大国并不意味着"强国"，特别是当前产品内分工深入发展的现实背景下，大量存在的外资主导的加工贸易，使得按传统贸易统计方式核算的中国对外贸易呈现大进大出、总额虚高的"统计假象"，导致全球价值链地位的"虚高"。而增加值贸易统计方法的提出和逐步应用，为研究制造业真实的价值链地位提供了可能和便利。本书以此为选题，研究增加值贸易统计下如何准确测度制造业的价值链地位，如何充分发挥内外不同因素的作用，以及如何借"一带一路"倡议促进中国制造业价值链地位的提升，可以为包括中国、墨西哥等加工贸易大国在内不同发展水平的国家提供参考，同时为各经济体制定相关政策提供值得借鉴的现实依据。由此可见，本书具有重要的现实意义和应用价值。

1.3 研究的基本思路、基本观点及政策建议

1.3.1 基本思路

本书借助最新的增加值贸易统计法，测度中国制造业的价值链地位并研究其影响因素。本书的基本思路是：首先，介绍中国制造业发展及出口贸易现状，引入增加值贸易统计法并与现有传统贸易统计进行对比，客观判定中国制造业的实际贸易现状；其次，借助官方增加值贸易数据，采用出口国内技术含量指标和 GVC 地位指数，来具体测度中国制造业的价值链地位，并与传统贸易统计结果进行对比说明；再次，将各影响因素纳入统一理论分析框架，深入分析各因素对制造业价值链地位的作用机理并设定相应的计量模型，采用面板 GLS 对模型进行实证检验；最后是结论和政策建议。

1.3.2　主要内容

本书借助增加值贸易统计法，首先介绍中国制造业发展及出口贸易现状，然后运用增加值贸易统计方法，区分加工贸易和一般贸易方式，具体测度了中国制造业的价值链地位，接着将各影响因素纳入统一理论分析框架并进行计量检验，此后利用增加值贸易数据，对"一带一路"倡议促进中国制造业价值链地位提升的机理进行分析，并在计量检验的基础上提出了具体的实施路径，最后是结论和政策建议。

本书内容共分八章：

第1章：绪论。本章主要介绍本书的选题背景并提出问题，指出研究的理论意义和现实意义，汇报研究的基本思路、主要内容、研究方法、基本观点和政策建议，界定制造业、价值链和增加值贸易等相关概念，最后指出本书的主要创新点、不足之处和研究展望。

第2章：文献述评。本章回顾梳理了关于增加值贸易统计方法、价值链地位测度及影响因素以及增加值贸易统计与价值链地位关系的文献，并进行了述评。

第3章：中国制造业发展及出口贸易现状。本章首先回顾了中国制造业总体发展历程及现状，接着分行业进行了简单的介绍，然后具体分析了中国制造业出口贸易现状及出口贸易结构变化，并结合现有传统贸易统计进行分析，发现中国制造业出口贸易结构升级明显，似乎意味着中国制造业价值链地位的提升。总的来看，本章属于定性分析，为后面的定量分析做铺垫。

第4章：增加值贸易统计下中国制造业价值链地位的测度。本章主要是对中国制造业价值链地位进行定量研究。主要选取了两个指标：一个是出口国内技术含量指标；另一个是 GVC 地位指数。借助增加值贸易统计法，使用不断完善中的 OECD—WTO 联合数据库 TiVA 及 OECD – ICIO 和对外经贸大学全球价值链研究院 UIBE GVC Index 提供的增加值贸易数据，区分加工贸易和一般贸易，具体测度中国制造业的价值链地位，然后将增加值贸易统计下的测度结果与传统贸易统计下的测度结果进行对比并作出了简单的解释和说明，最后指出了中国制造业价值链地位提升的必要性。

第 5 章：增加值贸易统计下制造业价值链地位影响因素的理论模型。本章在深入分析各因素对制造业价值链地位的作用机理的基础上，采用改进的隆等（Long et al.，2005）的模型将各影响因素纳入统一理论分析框架，得出关于各影响因素作用的简单猜想，以待实证检验。

第 6 章：增加值贸易统计下中国制造业价值链地位影响因素的实证研究。在前面理论模型的基础上设定计量模型，纳入外部因素（价值链参与度指数、FDI 技术溢出及三种技术溢出指标）和内部因素（资本劳动比、研发强度）等主要影响因素作为解释变量，使用面板数据，并采用面板 GLS 和工具变量法对模型进行计量检验。

第 7 章：增加值贸易统计下"一带一路"倡议促进中国制造业价值链地位提升的机理和实证研究。本章主要介绍了增加值贸易统计下"一带一路"倡议与中国制造业价值链地位提升的机理、实证研究及路径。首先回顾了相关文献，接着介绍了"一带一路"倡议下中国制造业价值链地位提升的机理，结合增加值贸易数据进行了实证研究，并提出了具体的提升路径。

第 8 章：结论、政策建议及研究展望。本章以前面的理论分析及实证研究为基础，对增加值贸易统计下如何准确测度中国制造业价值链地位，以及如何通过更好地发挥各影响因素及其协同作用来提升中国制造业价值链地位，得出了五个结论，并进而提出九个具体的对策建议。

1.3.3　研究方法

1. 采用理论分析与实证分析相结合的研究方法

理论分析是本书研究的基础，实证分析是对理论分析的检验，二者相辅相成，有机统一，构成本研究的主要分析方法。

2. 在理论分析中采用规范分析、定性分析和文献研究的方法

本书关注并追踪制造业价值链地位的测度及影响因素研究领域的最新研究成果，以保证研究的前沿性；结合对制造业发展现状和制成品贸

易状况对中国制造业价值链地位进行定性分析；以经典产业经济学、国际经济学及管理学等为基础，剖析各因素对制造业价值链地位影响和作用机理。

3. 在实证分析中结合了指标分析、定量分析、数据分析、统计分析、比较分析和计量分析方法

本书采用增加值贸易统计方法和数据，利用改进的出口复杂度指标和价值链地位指数对制造业价值链地位进行定量测定；对不同贸易统计下中国制造业价值链地位的测度结果进行比较；利用区分加工贸易和一般贸易（全球制造业和非全球制造业）的非竞争型投入占用产出模型等统计分析方法，对 FDI 的技术溢出效应进行了具体细分和测度；选取了中国制造业细分行业数据，应用变截距的面板 GLS 固定效应模型和工具变量法检验了各因素对制造业价值链地位的影响，以及"一带一路"倡议如何促进中国价值链地位的有效提升。

1.3.4 基本观点

本书采用增加值贸易统计方法，以经典的经济学、产业经济学、国际贸易学、空间经济学以及统计学理论为基础，以中国制造业为研究对象，使用本土制造业出口国内技术含量指标和 GVC 地位指数，区分加工贸易和一般贸易，分析了两种贸易类型各自的价值链地位，并对其影响因素进行了多维度的经验考察；此外，还以"一带一路"倡议为背景，分析了"一带一路"倡议促进中国价值链地位提升的机理，并使用增加值贸易统计数据进行了实证检验并分析结果，并指出了具体的实施路径。本书的主要结论如下：

1. 增加值贸易统计方法能更准确地反映中国制造业的价值链地位

作为一种新的国际贸易统计方法，增加值贸易统计测算的是出口贸易中的附加值部分，能够消除总值贸易统计中由于存在"重复核算"导致出现的"统计幻象"问题，对于中国制造业在全球价值链分工中的地位这一学术界重点关注的话题，引入增加值贸易统计法后，能够更加准确地测度中国制造业真实的价值链地位水平。

2. 中国制造业在全球价值链中参与程度较高，但地位低下，亟待提升

本书采用增加值贸易统计方法，对中国制造业价值链地位进行了测度，结果发现，总体来看中国制造业在欧美日等发达国家主导的全球价值链分工中"参与度高，但地位低下"，这种状况持续多年都没有改变，再加上近年来中国制造业面临的"内忧外患"的双重压力，价值链地位亟待提升。

3. 加工贸易价值链地位高于一般贸易，两者变化趋势完全不同

本书利用 OECD‐ICIO2018 TiVA 的增加值贸易数据，区分加工贸易和一般贸易，并分别对两种贸易类型制造业价值链地位分别进行了测度后发现，2005～2015年，加工贸易价值链地位高于一般贸易，前者始终为正，样本期内变化不大，总体稳中有升；后者则正好相反，不仅始终为负，呈现"N"型走势，而且其价值链地位变化幅度非常大，可以说大起大落，2011年之后上升趋势特别明显。

4. 中国制造业价值链地位更多受到外部因素的影响，内部因素的作用未充分发挥

本书使用增加值贸易统计方法，对中国制造业价值链地位的影响因素——外部因素和内部因素进行了理论分析和实证检验，结果发现，样本期内外部因素影响更大，内部因素的促进作用没有充分发挥；内部因素中，无论是一般贸易还是加工贸易，研发强度的影响显著为负；资本劳动比在一般贸易下显著为负，在加工贸易下为负但不显著；外部因素中，一般贸易价值链参与度对其价值链地位的影响呈现"U"型变化趋势，FDI水平、前向和后向技术溢出对一般贸易价值链地位的影响均为倒"U"型变化趋势；加工贸易价值链参与度对其价值链地位的影响呈现倒"U"型，FDI水平、前向和后向技术溢出的影响分别为线性负相关、倒"U"型和"U"型非线性关系。

5. "一带一路"倡议有助于促进中国制造业价值链地位的提升

中国制造业在现有全球价值链中被"低端锁定"，无法顺利完成向高端环节的攀升。要想实现中国制造业价值链地位的提升，只有构建一条自身主导的区域价值链。"一带一路"倡议的提出提供了良好的机遇，为中国和沿线国家合作构建一条中国主导的区域价值链提供了有力的支撑，进而必将显著地促进中国制造业全球价值链地位的提升。实证检验的结果也支持了这个观点。

1.3.5 政策建议

制造业是我国国民经济生活中重要的支柱型产业，其地位和作用是不容忽视的，但在现有欧美日主导的全球价值链中，中国制造业一直被锁定在技术含量不高、附加值较低的中低端环节，传统总值贸易数据存在明显的缺陷，作为一种新的国际贸易统计方法，增加值贸易统计能够准确测度中国制造业在全球价值链中的真实地位以及各影响因素的具体作用。因此，基于上述研究结论，本书提出以下九个方面的政策建议：

1. 普及增加值贸易统计方法，继续鼓励和完善增加值贸易数据库建设

增加值贸易统计作为传统总值贸易统计法的重要补充，能更为准确地测度一国价值链地位的真实水平。为此，应该尽可能做好以下工作：首先，研究建立能真实有效测度本土制造业价值链地位的指标体系；其次，继续完善"全球价值链与中国贸易增加值核算数据库"；最后，鼓励高校及科研院所加强国际国内合作，共同开展对全球价值链和增加值贸易核算的研究。

2. 区分加工贸易和一般贸易，通过调节价值链参与程度，来提升其价值链地位

必须区分加工贸易和一般贸易，并分别对两种贸易类型制造业价值链地位进行了测度。具体做法是：第一，对于加工贸易，要继续制定政策引导其转型升级，然后要适当限制加工贸易的发展和价值链参与程度，来达到提升加工贸易价值链地位的目的；第二，对于一般贸易，初期需要进行适当限制，主要通过鼓励加工贸易来推动一般贸易价值链地位的提升，当到达临界值后，应该鼓励一般贸易的发展，提高其价值链参与程度，来提高价值链地位。

3. 区分 FDI 三种技术溢出，发挥其提升加工贸易和一般贸易价值链地位的作用

对于加工贸易，应该制定不同的引进 FDI 政策，要通过适当限制 FDI 进入来减少其对行业内制造企业的负面影响；可以鼓励 FDI 进入上游产业，达到临界值后，必须限制 FDI 进入上游产业；起初可以适当限制 FDI 进入下游产业，达到临界值后，必须鼓励 FDI 进入下游产业来发挥其正面的效应，进而提升加工贸易价值链地位。对于一般贸易，有关部门应该适当限制 FDI，达到临界值后再加大鼓励 FDI 进入一般贸易领域。

4. 重视资本劳动比和研发强度对制造业价值链地位的作用，进行针对性处理

对于资本劳动比，无论在一般贸易还是加工贸易中，有关部门一定要注重调整要素结构，避免资本对劳动力过度排挤的同时，加大技术要素、人力资本要素等高级要素的投入，减缓资本深化特征，以避免出现低端、无效产能过程的情形。对于研发强度，要注重调节国内 R&D 的投入结构分配机制，不能过于偏向应用性研究，一定要从源头处理，加大对基础研究研发投入力度，提高研发投入效率；此外，还要多渠道建立科研成果孵化中心来促进已有科研成果转化；加大对知识产权和专利的保护力度，以有效解决研发强度对中国制造业价值链地位提升的促进作用为负的问题。

5. 积极鼓励企业融入全球价值链，实现价值链地位的提升

首先，要积极鼓励企业转方式、调结构，努力提高我国对外贸易增加值水平；其次，不断改善营商环境，支持和促进企业特别是中小企业融入价值链；最后，坚定高质量发展信念，倒逼国内制造业转型升级。

6. 加快推进"一带一路"区域价值链伙伴关系建设

加快与"一带一路"沿线国家构建中国主导的区域价值链，全方

位构建与沿线国家的贸易合作新格局，具体建议如下：第一，加强贸易"互联互通"的基础设施建设；第二，健全与沿线国家贸易合作的各种机制与平台；第三，进一步优化贸易投资便利化环境；第四，全面深化与沿线国家的产业合作，加快推动产业转移。

7. 依托自贸园区战略，实现其与"一带一路"的有效对接

将自贸园区作为推进"一带一路"倡议"五通"建设的重要节点和支撑，实现其与"一带一路"倡议的有效对接。具体来说，要完善各自贸园区对接"一带一路"物流体系建设，支持自贸园区与沿线国家开展贸易供应链安全与便利合作，整合沿线国家金融资源，建立自贸园区参与"一带一路"建设协调平台，等等。

8. 结合自贸区战略，积极推动"一带一路"区域价值链伙伴关系建设

中国可以积极与"一带一路"相关国家合作，参照中国—东盟自贸区，再继续建设一些自贸区；鉴于沿线国家经济发展水平等方面存在较大的差异，可以分批次有选择地与相关国家签订自由贸易协议，然后"以点带面"，大面积、大范围地去推进，尤其要注重与主要经贸合作伙伴或对现有自贸区网络建设意义重大的贸易伙伴进行合作，在已建成自贸区基础上进行升级，提升各国间经贸合作水平，使"一带一路"倡议落到实处。

9. 加强增加值贸易和价值链研究的国际合作，把握制定国际经贸规则的先机

中国要积极开展增加值贸易统计和全球价值链方面研究的国际合作，努力把握制定国际经贸规则的先机，推动我国与相关国家的经贸谈判，提升中国在增加值贸易和价值链核算研究方面的话语权。此外，中国将采取降低关税、扩大进口和组建自贸区等方式，向低收入发展中国家开放市场；支持发展中国家开展交通、信息等基础设施建设；开展国际产能合作，参与发展中国家工业化进程。

1.4 基本概念的界定

1.4.1 制造业的含义及分类

1. 制造业的含义

所谓制造业（manufacture），是指按照要求通过动力机械制造或手工制作等方式，将物料、能源、资本、工具、技术、信息、人力资本等资源经物理变化或化学变化的制造过程，转化为符合市场需求的可供人们使用和利用的生活消费品、工业品和大型工具等新产品的行业。库兹涅茨（1989）曾经把制造业定义为"经过有机整合和利用原料、能源、设备、工具、资本、技术、信息和人力资本等要素，制造出符合市场需求的工业品和生活消费品的部门"。我国《2017国民经济行业分类》（GB/T 4754—2017）中认为"只要经过物理变化或化学变化后成为新的产品，不论是动力机械制造或手工制作，也不论产品是批发销售或零售，均视为制造"。由于制造业的发展直接体现了一个国家或地区的生产力发展水平，所以，制造业在一国国民经济中往往居于主导地位。

2. 制造业的分类

关于制造业的分类，最常见的有以下三种：

第一种，《国际标准产业分类》修订本第4版（ISIC Rev. 4）中制造业的分类。根据联合国经济和社会事务部统计司《所有经济活动的国际标准行业分类》修订本第4版（ISIC Rev. 4），在21个门类共88个类中，制造业为第3门类，包括了代码第10~33的共24类细分行业。

第二种，《国际贸易标准分类》修订本第4版（SITC Rev. 4）中制造业的分类。根据联合国《国际贸易分类标准》（SITC Rev. 4），按照产品来源及加工程度进行划分，将所有商品分为0~9共10个门类，其中第0~4类为初级产品，第5~9类为工业制成品。因此，制造业即第5~9类产品制造部门，一般认为，其中第5、7和9类为资本或技术密集型产品，第 6、8 类为劳动密集型产品。

第三种，《国民经济行业分类》（2017）（GB/T 4754—2017）中制造业的分类。根据国家统计局《关于修订〈三次产业划分规定（2012）〉的通知》，按照三次产业的划分方法，我国《国民经济行业分类》（2017）将制造业归类于第二产业中的工业。在这种分类中，制造业属于门类 C，包括代码 13～43 的共 31 个大类，179 个种类和 609 个小类。

1.4.2 价值链及相关概念

1. 价值链

价值链（value chain）是"全球价值链"概念的基础。价值链的概念最早出现在 20 世纪 60 年代矿业出口的文献中（Park，Nayyar and Low，2013），直到 80 年代中期，美国哈佛大学商学院教授迈克尔·波特在《竞争优势》中才正式提出并进行界定。简单来说，价值链可以理解为从设计开发到加工制造，再到产品销售等不同阶段所形成的一个连续的过程。价值链的各环节之间相互关联，相互影响。

2. 产业链

产业链（industrial chain）是指不同产业或部门之间基于一定的技术和经济纽带（前向或后向关联）而形成的链条式关联关系形态，这些产业和部门可以是同一个国家或地区内部的，也可以是不同国家或地区之间的。

3. 全球商品链

杰里菲和科泽尼维茨（Gereffi and Korzeniewicz，1994）将管理学中的价值链与产业组织联系了起来，对美国零售业价值链进行研究，首次提出了全球商品链（Global Commodity Chain，GCC）这一概念，为商品链的研究提供了系统性的分析，并进一步区分了两类全球商品链：购买者驱动型（Consumer-driven global commodity chain）和生产者驱动型（Producer-driven global commodity chain）。后来，杰里菲（1999）进行了进一步的解释。显然，商品链分析方法太过简单，没有抓住价值链的主要特征，在实证研究中已经较少采用。

4. 垂直专业化

巴拉萨（Balassa，1967）最早关注垂直专业化（Vertical Specialization，VS）现象，并进行初步界定；胡梅尔斯（Hummels et al.，2001）基于一国的投入产出表，提出用一国出口额中包含的国外增加值的比重来衡量一国的垂直专业化水平。

5. 全球价值链

关于全球价值链（Global Value Chain，GVC）的诸多界定中，目前公认最权威的联合国工业发展组织（2004）提出的定义："全球价值链是指为实现商品或服务价值而连接生产、销售、回收处理等过程的全球性跨企业网络组织，涉及从原料采购和运输，半成品和成品的生产和分销，直至最终消费和回收处理的整个过程；包括所有参与者和生产销售等活动的组织及其价值、利润分配，当前散布于全球的处于价值链上的企业进行着从设计、产品开发、生产制造、营销、交货、消费、售后服务、最后循环利用等各种增加值活动"。另外是目前世界范围内对全球价值链问题进行比较广泛研究的英国苏塞克斯（Sussex）大学发展研究所的定义，即"产品在全球范围内，从概念设计到使用直到报废的全生命周期中所有创造价值的活动范围，包括对产品的设计、生产、营销、分销以及对最终用户的支持与服务等。组成价值链的各种活动可以包括在一个企业内，也可以分散于各个企业之间，可以集聚在某个特定地理范围之内，也可以散布于全球各地。"相比之下，这个定义比较学术化。

6. 全球生产网络

全球生产网络（Global Production Networks，GPN）指的是跨国公司将产品价值链分割为若干个独立的模块，每个模块都置于全球范围内能够最高效完成生产的国家和地区，进而形成多国多地区参与产品价值链的不同阶段的国际分工体系。从定义来看，全球生产网络和全球价值链非常相似，某种程度上讲，全球生产网络可以被认为是全球价值链发展的高级形式。当然，两者的区别也很明显：第一，后者强调的是从生产、交货到消费和服务的整个过程，而前者更强调不同国家企业间关系的本质和程度；第二，后者对全球经济组织的研究主要从纵向维度展开，而前者则更倾向横向与纵向两个维度相结合。

7. 区域价值链

区域价值链（Regional Value Chains，RVC）是指一定区域内，产业互补性强的国家或地区，为实现商品或服务价值，将研发、生产、销售等环节联系起来的跨企业网络组织。与全球价值链不同的是，区域价值链属于一定区域范围内的国际分工与合作，比全球价值链范围要窄一些，但是更为灵活，特别是目前全球价值链被发达国家和跨国公司控制和主导，发展中国家的价值链地位比较被动而且被"低端锁定"，在此情况下，一些有意向的国家和地区就可以考虑通过分工合作，构建区域价值链，改变自身原来在全球价值链中的不利处境，与相关国家平等互利、合作共赢。

8. 国家价值链或国内价值链

国家价值链或国内价值链（National Value Chain，NVC）是指以内资企业为主导，凭借核心技术、品牌或者营销渠道的优势，充分利用国内各区域拥有的资源进行配置和整合，进行国内垂直专业化分工，构建国内区域间的价值链分工生产体系。按照内资企业需求来源的不同，国家价值链可以分为以下两种：基于出口需求形成的国家价值链和基于国内需求形成的国家价值链。

9. 其他概念

除了上面提到的概念，其他相关的概念还有国际生产分工（International fragmentation）、全球生产共享（global production sharing）、国际生产外包（offshoring or international outsourcing）、多阶段生产（multistage production）、任务贸易（trade in task）、价值链分割（slicing up the value chain）、产品内专业化（intra-production specialization）、生产非一体化（disintegration of production）、生产分割（fragmentation of production）等术语。

为了统一起见，本书将这种现象统一称为全球价值链分工，由此产生的国际贸易称谓全球价值链贸易，各国在全球价值链中所处的位置和所扮演的角色称为全球价值链地位。后面通常会省略"全球"两个字，即后面提到的价值链，均是全球价值链的简称。

1.4.3　增加值贸易及相关概念

1. 增加值贸易、增加值进口和增加值出口

增加值贸易（value added trade）指的是包含在外国最终消费中的一国的直接和间接增加值。在胡梅尔斯等（2001）将一国出口贸易额进行来源分解的基础上，斯特勒（Stehrer，2012）指出，增加值贸易即为直接或间接地包含在一国最终消费中的由另一国创造的增加值；约翰逊和诺格拉（Johnson and Noguera，2012）从增加值最终归属的角度定义了增加值出口（value added export），夏明和张红霞（2015）也从这个角度将增加值出口定义为由国外最终需求拉动的国内增加值，特指一国创造的、被另一国消费的包括直接出口和从第三国间接出口的国内增加值；增加值进口（value added import）指的是由国内最终需求拉动的国外增加值。

2. 增加值贸易统计体系

增加值贸易统计体系（value-added trade statistics system）是指在产品内分工和中间品贸易迅速发展的背景下，以垂直专业化为基础，不断放松脱离实际的基本假设，剔除"失真"的统计数据，破除总值贸易统计下的"统计幻象"，核算一国在全球价值链分工中真实的贸易利得的新型国际贸易统计体系。

3. 贸易增加值、出口增加值和进口增加值

贸易增加值（value added in trade）是指出口到其他国家用于其最终消费的产品中直接或间接包含的本国增加值。也就是说，贸易增加值是指两国之间总贸易流量中的增加值，它与增加值贸易不同，它仅衡量双边贸易流动中所包含的增加值，并没有区分增加值的最初来源和最终归属。出口增加值（value added in export）指的是一国出口产

品中国内投入的价值比重；进口增加值（value added in import）的核算方法和出口增加值有所不同，主要是指一国进口产品中所包含的进口来源地的增加值。

1.5　主要创新点、不足之处及研究展望

1.5.1　主要创新点

本书旨在研究增加值贸易统计下中国制造业价值链地位的测度及影响因素。在本研究于 2014 年立项前，尚未发现有学者对该方面进行全面、深入和系统的研究。具体来说，本书研究的主要创新点有以下三个方面：

（1）将增加值贸易统计方法和制造业价值链地位联系起来进行研究。现有文献中目前真正将增加值贸易和全球价值链地位的研究并不太多，大多基于总值贸易统计数据，少数文献采用增加值贸易统计方法，但大多测度全球价值链嵌入程度或称参与度，将之直接等同于价值链地位。本研究采用增加值贸易统计方法，结合 OECD – ICIO2018 提供的数据，测度两种类型制造业全球价值链参与度和价值链地位，并与总值贸易数据下的结果进行对比，发现前者比后者更为科学和准确。

（2）区分加工贸易和一般贸易（全球制造业和非全球制造业），将外部因素（价值链参与度和 FDI 技术溢出——水平技术溢出、前向技术溢出和后向技术溢出）和内部因素（研发强度和资本劳动比）两方面因素纳入统一模型，研究其对中国制造业价值链地位的影响。现有文献很少区分加工贸易和一般贸易，少数文献或者将各变量简单直接纳入模型，或者仅涉及其中一两个影响因素，从而影响了结论的说服力。

（3）采用增加值贸易统计方法，将"一带一路"倡议与中国制造业价值链地位联系起来进行理论和实证研究，并提出了具体的实施路径。现有文献很少结合增加值贸易统计方法来研究"一带一路"倡议和中国制造业价值链地位提升，少数使用总值贸易数据进行研究，影响了结果的可信度和说服力。本书结合国家的"一带一路"倡议，对

"一带一路"倡议促进中国制造业价值链地位提升的机理进行了实证检验，并提出了具体的实施路径。

1.5.2 不足之处

第一，本书实证分析所用数据不是很新。受数据获取以及更新的数据库存在数据缺失现象等诸多限制，同时为了保证统计口径的一致性以增强数据的可比性，一方面，本书在测算中国制造业价值链参与程度及价值链地位时，只能使用 2005～2015 年共 11 个年份的数据来测算这 11 个年份的中国制造业价值链地位，在对制造业价值链地位各影响因素的作用机制进行实证检验时，只能选择 2005～2013 年中国制造业行业面板数据进行检验，一定程度上影响了测算结果的准确性；另一方面，"一带一路"倡议思路形成于 2013 年，完善于 2014 年，实施于 2015 年，本研究开展过程中其影响可能并未充分发挥出来，从而使得研究结果准确性稍欠，随着时间的推移，随着"一带一路"倡议的不断推进，其对中国制造业价值链地位提升的影响应该会充分发挥出来；再加上由于数据来源限制，OECD – ICIO 数据库和 UIBE GVC Index 中"一带一路"沿线国家除了中国以外只有 26 个，为了保证统计口径的一致性，实证分析中只能以这 26 个国家的数据来替代"一带一路"沿线全部的 65 个国家，对于"一带一路"倡议下中国制造业价值链地位提升的实证研究结果精确性不够。这些都在一定程度上影响了测算结果的准确性。

第二，本书使用的价值链地位测度指标有待于进一步改进。受时间限制，本书选择的是当时公认比较准确的库普曼（Koopman et al.，2010，2014）的 GVC 参与度和 GVC 地位指标。随着时间的推移和研究的不断深入开展，后续出现了对于全球价值链地位指标测度的一些有益的尝试，比如王等（Wang et al.，2017a，2017b）提出的相对"上游度"指标和新的全球价值链地位指标。

第三，本书未能考虑更多影响因素并纳入模型分析。现实经济生活中，影响制造业价值链地位的因素是多样的，比如宏观经济政策、相关产业发展等，限于数据的可得性以及本书主要关注点的限制，本书未能将更多的影响因素纳入模型，还有一些可以探讨并且在未来值得关注和可以继续挖掘的问题，在本书中没有能在深入探究和分析。

1.5.3 研究展望

上述三点不足也构成了我们今后尚需深入研究的三个问题。

第一，更新数据。在今后的研究中，一方面，随着各大数据库建设越来越完备，应该积极主动发现和挖掘微观数据，以更精确地进行统计和计量方面的分析，争取用更新的、更全面的数据来展开经验研究，从而为测度中国制造业价值链地位和解读各影响因素对制造业价值链地位的影响机制与程度提供更坚实的数据基础；另一方面，持续关注"一带一路"倡议的推进，补充更新数据等相关内容和资料。随着时间的推移，"一带一路"倡议对中国制造业价值链地位提升的作用应该会更加充分地发挥出来，研究结果必然日趋精准。

第二，尝试改进现有库普曼等（2010，2014）的指标，或采用新的指标如王等（2017a，2017b）改进的相对"上游度"和 GVC 地位指标，或者尝试进一步的改进，并将测算结果进行对比分析。

第三，可以尝试考虑更多影响因素并纳入模型分析。在今后的讨论中将尽量更加全面地考虑多种影响因素，尝试在模型中引入更为准确的指标来推导论证不同因素对制造业价值链地位的影响。

第 2 章 文献述评

近年来，增加值贸易统计方法因为能够消除传统贸易下的"统计幻象"，准确核算各国在全球价值链中的地位以及真实贸易利得而受到越来越多的关注。因此，增加值贸易统计下如何测度全球价值链地位并准确界定其影响因素的作用，是近年来学界和业界普遍关注的重点问题。继管理学层面以企业为对象的全球价值链研究之后，经济学和统计学主要研究行业层面和国家层面的全球价值链。本章首先介绍了以国家间投入产出模型为基础的增加值贸易统计研究成果，接着对制造业价值链地位的测度及影响因素相关文献进行了回顾，然后梳理了为数不多的将增加值贸易统计与价值链联系起来进行研究的文献，最后进行了总结。

2.1　关于增加值贸易统计的研究

由于增加值贸易统计提出相对较晚且核算比较复杂，现有文献研究不多。作为一种新的国际贸易统计方法，增加值贸易统计测算的是出口贸易中的附加值部分，即主要解决跨境贸易中的"重复核算"问题，比如 2010 年 19 万亿美元的全球出口中，有约 5 亿美元的进口中间产品都属于重复核算（UNCTAD，2013）。

2.1.1　增加值贸易统计的必要性和重要性

20 世纪 80 年代以来，随着经济全球化的逐步深入，各国资源越来越多地跨越国界在全世界范围内进行优化配置，一国所出口的产品不再像以前一样几乎全部由本国生产，而是可能由分散在世界不同地区不同国家的不同企业共同配合生产出来，在此情形下，按照传统的通关统计即总值贸易统计方法得出的一国出口总值会高估一国真实的出口贸易水平。

1. 主要国家及国际组织的态度与行动

从国际组织来看，世贸组织、经合组织、世界银行、联合国贸发会议等都很积极。从 2011 年 WTO 与日本经济研究院共同发布报告，到 2013 年与 OECD 共同推出增加值贸易数据库，再到 UNCTAD 发布正式的报告，都极大地推动了增加值贸易统计的发展。2011 年，WTO 时任总干事拉米提出了"世界制造倡议"，指出增加值贸易统计能更好地测度和反映世界贸易的运行，并呼吁推进全球价值链和增加值贸易核算研究。

从主要国家来看，各国态度不尽相同。目前很多国家都在研究增加值贸易统计体系，目前中国和美国相对领先，因为贸易规模最大，所以承担的责任更大。总体来看，发达国家在全球价值链和增加值贸易统计等方面投入较多，发展中国家的反应差别比较大。发达国家中，欧盟和日本由于自身货物贸易参与全球价值链较多，相对比较积极；在发展中国家中，在服务外包上参与全球价值链程度较深的印度等国家，反应相对较为积极；但巴西等资源型发展中出口国由于担心受到发达国家的借机施压和操控，不是十分赞成；还有一些发展中国家存有疑虑，特别是参与全球价值链不深的一些发展中国家。

比较具有代表性的事件是，在中国政府的积极倡议和努力推动下，2014 年召开的 APEC 领导人非正式会议批准了《亚太经合组织推动全球价值链发展合作战略蓝图》《亚太经合组织贸易增加值核算战略框架》及《亚太经合组织贸易增加值核算战略框架行动计划》，这是世界首批全球价值链及贸易增加值核算等倡议性文件。

2. 学术界的观点

莫雷尔和德甘（Maurer and Degain，2010）质疑传统总值贸易统计方法会导致严重偏差，从而误导贸易政策的制定；赵玉焕和常润岭（2012）分析了传统总值贸易统计方法的局限性，认为增加值贸易统计更适合用来衡量我国的实际贸易状况，并强调了使用增加值贸易统计方法的必要性和重要性；贾怀勤（2012）指出必须采用增加值贸易核算体系，以有效应对经济全球化的挑战；约翰逊和诺格拉（Johnson and Noguera，2012）指出如果改用增加值贸易统计方法，中美贸易顺差将缩小30%~40%；张咏华（2013）经过测算发现，采用增加值贸易方法核算，中国制造业出口规模将缩小50%，中美贸易顺差将减少46%；马涛和刘仕国（2013）基于 OECD-WTO 创建的增加值贸易数据库，指出增加值贸易核算对世界贸易的国别结构、依存度和全球贸易失衡程度有了全新反映；王岚（2013）通过比较两种统计体系，认为传统贸易统计严重高估了中国贸易顺差和贸易利益，而增加值贸易统计能够更真实地反映一国在全球价值链中的地位和贸易利得；张海燕（2013）也发现传统方法统计的中国出口规模"虚高"；陈雯和李强（2014）都指出加工贸易提高了中国的出口贸易量，传统贸易统计扭曲了中国各行业的实际出口规模，增加值贸易能更准确地反映出中国对外贸易大而不强的真实状态；邓军（2014）发现传统贸易统计下，中国出口贸易中隐含的外国增加值被"重复计算"，导致中国实际出口贸易规模和实际利得被夸大的"统计幻象"，如果按增加值贸易统计方法，中国的进出口贸易额和双边贸易差额要小得多；潘文卿等（2015）指出"增加值贸易核算框架是以垂直专业化为基础，通过对该指标计算过程中不符合实际的假设条件的修正与放松而得"，这一观点得到了多数学者的认可和赞同，但并没有准确概括增加值贸易统计方法的多元化发展。

2.1.2 增加值贸易统计的研究进展

关于增加值贸易的研究，最早可以追溯到 20 世纪 60 年代。巴拉萨（Balassa，1967）最早发现垂直专业化现象，并将其定义为"一类商品的连续生产过程被分割成一条垂直的贸易链，由每个国家根据其比较优势对生产过程中的各阶段分别将其附加值化"，但当时并没有进行进一步的分析和研究。

事实上，早期对于增加值贸易的研究主要是案例研究，即利用企业微观数据——企业数据和贸易数据对相关产品和产业开展个案研究（Tempest，1996；Xing and Detert，2015；等等）。这种研究方法的优点在于数据翔实，论证形象，结论直观；不足之处是数据缺乏代表性，容易以偏概全，而且由于往往涉及商业机密，数据采集的难度相对比较大。

考虑到案例研究的不足，后来学者们开始尝试利用单国投入产出表进行宏观分析。目前世界多数国家和国际组织都编制有自己的投入产出表，其理论依据是美国经济学家瓦西里·里昂惕夫于 1936 年提出并创立的投入产出分析法及其模型，后来多位经济学家对投入产出模型进行了拓展；陈锡康（1999）开创性地提出要建立能够区分一般贸易和加工贸易的非竞争型投入产出模型，即应该利用贸易增加值代替贸易总值来测算双边贸易差额；芬斯特拉和汉森（Feenstra and Hanson，1999）研究指出，中国对美国出口总额中包括了中国出口到美国的加工产品顺差，美中贸易逆差由此被夸大了。

直到 21 世纪初期，胡梅尔斯等（2001）正式提出了系统测度垂直专业化的量化指标，被视为增加值贸易统计方法研究的起点；劳等（Lau et al.，2006，2010）构建了能区分一般贸易和加工贸易的非竞争型投入产出模型，并提出用出口产品包含的国内增加值来衡量一国参与全球价值链的经济收益；库普曼等（2008）利用单国投入产出表，测算出国内消费品和出口品生产部门所使用的进口中间产品的比重，然后经过加权计算，就可以得出一国总出口中包含的国外增加值比重，后来被称为 KWW 法。

然而，上述研究均采用单国投入产出模型，这类模型一般只能刻画一国出口产品的生产和进口产品的使用情况，存在诸多不足，于是，后来学者们开始使用多国或国际间投入产出模型进行研究。

库普曼等（2010，2012a，2012b）将一国总出口分解为五部分，区分了以最终产品和中间产品形式出口的增加值，分离出返回本国的中间产品的国内增加值，并以此为基础提出了两个重要的应用性指标，即一国产业部门的全球价值链参与程度和价值链地位，该方法被称为 KP-WW 方法；马等（Ma et al.，2015）使用 KPWW 方法，将微观层面的中国工业企业调查数据与海关进出口贸易数据进行匹配，区分贸易方式和出口企业所有制，计算了中国出口的国内增加值。

约翰森和诺格拉（2012）利用 GTAP 数据，提出增加值出口的概念与度量方法，对各国增加值贸易进行了实证分析；李昕和徐滇庆

（2013）发现扣除"重复计算"的加工贸易，再剔除外资企业的出口之后，中国的外贸依存度并未像传统统计方法测算的那么高；提莫等（Timmer et al.，2014）基于 WIOD 对全球价值链进行分割研究，指出中国的出口贸易存在对资本和低技术劳动力的严重依赖，进而导致中国在全球价值链中地位低下；罗长远和张军（2014）运用增加值贸易框架考察了中国出口增加值变化的动因，并进行了实证检验。

库普曼等（2014）提出了一国总出口的分解法，在四分法的基础上，进一步根据出口品价值最终去向将一国出口贸易总额分为九部分，并以此为基础得到国内成分、垂直专业化程度等不同指标。然而，该方法仍然只能从供给视角进行一国整体层面的分解；王等（2013）扩展了库普曼等（2012）的分解法，从后向产业关联出发将双边贸易额分解为十六项，并将对一国总出口额的分解扩展到双边以及产业层面，最终建立了从官方贸易总值统计到贸易增加值统计的一套完整核算法则；王直等（2015）进一步诠释了总贸易流分解框架的基本原理，并利用 WIOD 各部分贸易流进行分解，从而将 KWW 方法从国家层面延伸至双边贸易和行业层面，并进行了相关扩展研究；王等（2017a）将所有生产活动分成了纯国内生产、传统贸易生产、简单 GVC 和复杂 GVC 四种类型，依据是增加值的去向及跨越边境的次数。

2.1.3　增加值贸易统计的数据库资源

增加值贸易核算最常用的国际投入产出表主要有以下五个。

（1）OECD - ICIO。这是经合组织（OECD）建立的全球投入产出数据库，经合组织较早开始研究增加值贸易，其投入产出数据库涵盖了 2005～2015 年世界 64 个国家和地区 34 个部门的贸易数据，并连接了企业层面海关数据和一国商业贸易统计数据，从而能够追踪全球生产在各国的利润流向。

（2）WIOD。欧盟最早于 2013 年公布了世界投入产出数据库 WIOD，该数据库中的全球 ICIO 表提供了 1995～2011 年 40 个国家和地区（27 个欧盟成员国和 13 个主要的经济体）之间的中间品和最终品贸易数据，涉及 35 个产业和 59 种产品；后来欧盟公布的 WIOD2016 中，提供了 2000～2014 年 43 个国家和地区 56 个产业的贸易数据，不仅能估计出各种进口品在各国的使用流向，也能进一步得到各国的资本和劳动力投入情况。但该数据库没有区分加工贸易和一般贸易（全球制造业和非全球制造业），而且最新数据只更新到 2014 年。

（3）GTAP。美国普渡大学从 1993 年开始实施 GTAP 数据库，该数据库包含了世界多个单国非竞争型投入产出表和地区间的双边贸易量。该数据库自建立以来，先后经历了 1997 版本、2001 版本、2004 版本和 2011 版本。目前 GTAP 数据库虽然得出了不少成果，但该数据库仅能针对有限年份的数据进行分析，而且是 2004 年、2007 年和 2011 年 3 个年份不连续的数据，因此还有待于进一步改进。

（4）亚洲国际投入产出表。日本亚洲经济研究所的亚洲国际投入产出表，是在亚洲国家或地区的单国投入产出表的基础上，结合调查和贸易数据编制而成的，是最早的系统性国际间投入产出表，早在 2011 年时曾经联合 WTO 发布了相关报告，报告的题目是《东亚贸易模式和全球价值链：从货物贸易到任务贸易》，引起了世界各国的广泛关注。

（5）中国全球价值链与中国贸易增加值核算数据库。中国商务部联合海关总署等四部门共同研发"全球价值链与中国贸易增加值核算数据库"，并委托商务部中国国际电子商务中心组织实施。主要目标是通过分析比对相关国际组织和学术机构的相关数据库的经验，以数据综合处理展示平台建设方式，使研究更加直观和更加快捷。目前数据库中主要是 2010 ~ 2017 年的部分指标数据，与上述三大数据库以及其他一些国际投入产出数据库相比，衔接性还不够好，还有进一步发展的空间。

此外，具有代表性的世界投入产出 ICIO 数据库还有 EORA 和 Asian Development Bank 的多区域投入产出表 ADB – MRIO2018 等（Taglioni and Winkler，2017，APPENDIX G）。

值得关注的是中国国内高校及科研院所也开始越来越重视全球价值链和增加值贸易研究，最具代表性的是对外经济贸易大学的全球价值链研究院，该科研院为了满足学术研究需要建立了一个公益免费性数据库——UIBE GVC Indicators[1]，该数据库主要提供当前国际贸易中增加值贸易核算的结果以及有关全球价值链或国际生产分工的测算指数。目前，UIBE GVC Indicators 主要有三类指数构成，即全球价值链生产分

25

---

[1]　RIGVC UIBE，2016，UIBE GVC Index，http：//rigvc. uibe. edu. cn/english/D＿E/database_database/index. htm.

解、双边总贸易流的分解和全球价值链长度的分解。本书使用的主要是基于 OECD - ICIO2018 数据库加工而成的派生数据。

现有文献大多使用欧盟的 WIOD 数据库进行实证研究，该数据库最新版本 WIOD2016 包括了 43 个国家 56 个部门 2000～2014 年共 15 个年份的数据并区分加工贸易和一般贸易（全球制造业和非全球制造业），而且数据只更新到 2014 年，相对略显陈旧；相比较而言，经合组织 OECD 发布的 OECD - 1CIO2018，不仅区分了加工贸易和一段贸易（全球制造业和非全球制造业），数据也更新到了 2016 年。因此，本书 5 主要使用 OECD - ICIO2018 和 OECD - WTO 的 TiVA 增加值贸易数据库来测算中国制造业全球价值链地位和进行实证检验。

2.2 关于制造业价值链地位及影响因素的研究

从 20 世纪 80 年代开始，同一个产品内部展开跨国分工与合作变得越来越普遍，杰里菲（1999）最早研究了这种新现象，并首次提出全球价值链的概念。此后，关于全球价值链的研究一直是国内外学者持续关注的热点问题，下面将对相关文献进行梳理和述评。

2.2.1 全球价值链理论的提出

关于全球价值链理论的研究最早属于管理学研究范畴，管理学中价值链理论蕴含的"工序"和"附加值"概念为之后的全球价值链理论奠定了较好的研究基础。

价值链概念最早出现在 20 世纪 60 年代矿业出口的文献中（Park et al.，2013），但正式提出却是在 80 年代中期，哈佛大学商学院教授迈克尔·波特在其著作《竞争优势》中率先指出："每一个企业都是在设计、生产、销售、发送和辅助其产品的过程中进行种种活动的集合体。所有这些活动可以用一个价值链来表明。"后来，科格特（Kogut，1985）进一步指出价值链是技术、劳动力和原材料投入等的有效组合，并使用"价值增值"概念来分析国际战略优势，该理论不同于波特（Porter，1985）强调单个企业的竞争优势，而是反映了价值链的垂直分工特征，这一点对全球价值链理论的形成是非常关键的。

到了 20 世纪 90 年代，经济全球化趋势越来越明显，价值链分工与贸易在全球范围内大量出现，加深了学术界对于理论研究的重视，于是全球价值链理论得到了快速发展，出现了一批有影响的研究文献。克鲁格曼等（Krugman et al.，1995）发现许多跨国企业将产品价值链进行切割，然后将不同的生产过程、环节和生产工序分散到不同的国家；杰里菲（1994）是价值链分析的先驱代表，描述了一个企业在全球价值链中进行自发学习和升级的过程；杰里菲（1999）首次提出了全球商品链这一概念，但也承认商品链分析法太过简单，不太适合用来进行实证研究；杰里菲（2001）正式提出了全球价值链这一概念，指出全球价值链分工导致产品的国别属性越来越模糊，而且价值链上各个环节的利润程度各不相同；斯特金（Sturgeon，2001）提出全球生产网络是全球价值链发展的高级形式；阿恩德特和凯日科夫斯基（Arndt and Kierzkowski，2001）使用"片段化"（fragment）来描述生产过程的分隔现象；史密斯等（Smith et al.，2002）认为全球价值链是一种产品的全部活动组合，包括从设计环节到最终报废的整个生命周期中创造的价值。

总之，在全球价值链理论的提出和研究过程中，学者们从不同角度进行了定义和解释，如价值链分割（Krugman，1995）、全球生产共享（global production sharing）（Yeats，1998）、产品内专业化（Arndt，1997）、垂直专业化（Hummels et al.，1998，2001；Feenstra，1998）、生产非一体化（Feenstra，1998）、生产分割（knetter and slaughter，1999）、外包（Feenstra and Hanson，1996）、任务贸易（Grossman and Rossi - Hansberg，2012）、国际生产分工（international fragmentation）（Arndt et al.，2001）、要素分工（Factor division，张二震等，2002）、产品内分工（intra-product specialization）（卢锋，2004）、国际生产外包（off- shoring or international outsourcing）（Farrell，2004；Glass et al.，2001；Park et al.，2013）、多阶段生产（multistage production）（Dixit et al.，1982）、任务贸易（trade in task）（Grossman et al.，2008）等术语，虽然它们的含义不尽相同，但都在某种程度上体现了跨越国界生产的日益广泛性和分割全球价值链、了解生产参与各方优劣势的重要性。

2.2.2 全球价值链嵌入程度的测度

关于全球价值链的测度的研究，现有文献大致可以分为两类：一类是构造相关的指标来估计一国全球价值链的嵌入或参与程度，另一类是估计某一国家或地区在全球价值链中的地位。不少研究忽视了这两类指标的区别，但事实上两者是截然不同的，前者衡量的是全球价值链参与程度的大小，后者是研究一国全球价值链中地位的高低，参与得多并不一定地位高，地位低也不一定参与得少，两者并非一一对应的。

关于全球价值链嵌入程度的测度，主要从以下两方面展开研究。

一是增加值贸易视角。胡梅尔斯等（2001）发展了由巴拉萨（Balassa，1967）提出的垂直专业化指数，是全球价值链核算领域开创性的成果，该方法也被称为 HIY 法。约翰森和诺格拉（2012）提出了增加值出口率指标，并采用 GTAP 数据库测算了中美双边贸易中的增加值成分。HIY 法的提出在国际贸易研究领域产生了深远的影响，后来由于其严格的假设在后来陆续受到了一些质疑。库普曼等（2008）批判了 HIY 方法中关于一国面向出口和面向内需生产的产品的中间品投入同密度的假设，认为这个假设对中国为代表的加工贸易在出口中占比很大的发展中国家来说不现实，剔除加工贸易后，中国制造业出口中的国外增加值比 HIY 结果高出了整整 1 倍。库普曼等（2010，2014）也批判了这个同密度假设，提出了新的贸易增加值分解方法，然后基于重新分解的内容，他们又进一步构建 GVC－Pat 来测算一国在全球价值链中的参与程度。闫云凤（2015）、王岚和李宏艳（2015）、程大中（2015）、李跟强和潘文卿（2016，2019）、吕越等（2017）、唐宜红和张鹏杨（2017）、闫云凤和赵忠秀（2018）均采用上述分解方法和指标进行研究。

二是生产链长度或生产阶段数视角。这个视角最早展开研究的是罗梅罗等（Romero et al.，2009），提出平均增值步长来衡量生产分割程度和经济复杂度；接着，法利（Fally，2011，2012）将生产分割长度定义为从生产到消费的生产阶段数量，具体使用参与产品生产序列工厂的加权平均数进行测算；安特拉斯等（Antras et al.，2012，2013）提出了上游度指标来描述和测算特定行业在全球价值链中所处的位置；倪红福等（2016）研究发现加入 WTO 以后中国生产阶段数呈阶段性变化；王等（2017a）提出了刻画各国各产业在全球价值链中嵌入程度的前向参与度和后向参与度的指标；王等（2017b）进一步构建了平均生产链长度和相对上游度两个指标；闫云凤和赵忠秀（2019）构建了反映国内生产链长度和 GVC 生产链长度的指标，从功能分离和空间分离的视角探索中国在全球价值链中的嵌入机理与演进路径。

2.2.3　全球价值链地位的测度

1. 出口技术复杂度指标及其变形

最初学者们尝试借助出口技术复杂度指标①及其各种变形来测度一国的价值链地位。出口技术复杂度指标将一国出口中表现出来的生产率水平即技术复杂程度与该国的人均收入联系起来，旨在刻画该国某种商品出口中所表现出来的生产率水平是否与自身收入水平相匹配。

20 世纪 80 年代中期，迈凯利（Michaely，1984）首次用技术附加值法分析一国出口专业化程度，将产品出口技术含量表示为该产品各出口国人均 GDP 按其出口占世界出口总额的份额的加权平均，关志雄（2002）沿用了该方法，后来豪斯曼等（Hausmann et al.，2007）和罗德里克（Rodrik，2006）将权重改为显示性比较优势指数。拉尔和韦斯（Lall and Weiss，2006）对附加值进行了标准化处理，提出了出口相似度指标；而樊纲等（2006）、杜修立和王维国（2007）将产品出口技术含量表示为生产该类产品的各国人均收入水平以各国该产品占世界该产品总产量份额为权重的加权和，洪世勤和刘厚俊（2015）在计算中对人均 GDP 进行了对数化处理。

然而这些方法和指标测度出来的是总体出口技术含量，在全球价值链分工的背景下，这种表面的"统计幻象（statistical illusion）"严重高估了一国真实的出口水平。库普曼等（2008）指出应该从增加值角度出发来估算一国的价值链地位。

于是，一些学者开始尝试剔除进口中间投入的影响，最具代表性的

① 此外还有另外两种常见说法：出口复杂度、出口技术含量，含义差别不大，借鉴多数文献的做法，本书对这三种不加区分。

是姚洋和张晔（2008）以出口技术复杂度指标为基础，并将之与投入产出分析法相结合，剔除了进口中间投入创新性地构建了中国出口品国内技术含量指标，并用该指标来衡量一国在全球价值链中的地位；盛斌和马涛（2008）以及孟猛（2012）运用类似的方法进行了计算，祝树金和张鹏辉（2013）则用技术复杂度绝对值的标准化指数替代了技术复杂度绝对值；周大鹏（2015）计算了 1997~2007 年 48 个国家和地区的出口复杂度，并以此为依据进行排名，评估后发现我国制造业总体上处于比较落后的位置；杨晓静（2016）提出应该测算中国本土制造业出口国内技术含量，即以豪斯曼等（2005）的方法为基础，计算出产品层面的出口收入指数后加权求和得出行业层面的技术含量，然后逐次提出进口中间投入成分和外资成分，最后计算得出中国本土制造业出口国内技术含量。

倪红福（2017）以中国装备制造业为研究对象，运用投入产出分析法，用测算出口技术含量的方法计算其各分部门的出口技术复杂度。但在计算一国或地区整体的出口技术含量时，该方法虽然对不同来源的技术含量加以区分，其假设部门产出的国内技术含量与出口的技术含量相同，这是不太合理的。刘会政和马光（2019）提出用出口增加值率（即出口国内增加值与出口额之比）作为系数进行调整，来更客观地反映中国装备制造业部门出口技术含量。

2. 上游度和下游度指标

除了出口技术复杂度之外，安特拉斯等（2012）通过测算一国某行业在全球价值链上承担的中间品生产环节与最终产品环节之间的加权平均"距离"来衡量全球价值链地位，具体包括上游度和下游度两个指标[①]，后来许多学者都开始用上游度来描述价值链地位。

库普曼等（2010）借助上游度和下游度指标来描述一国在全球价值链中所处的环节究竟是上游还是下游；王金亮（2014）使用上游度指标进行测算，结果发现中国处于全球价值链的下游环节；鞠建东等（2014）研究发现中国虽然在出口结构上与发达国家高度相似，但出口产品单位价值显著偏低，说明中国在全球价值链分工中依然处于低端环

---

① 其中上游度指标用某一行业作为中间投入的价值在总出口中的比重来核算，下游度指标的计算方式是某一行业出口中进口的中间投入价值比重。

节；刘祥和和曹瑜强（2014）、陈晓珊（2017）先后都以安特拉斯等（2012）方法研究中国制造业的价值链地位。张为付和戴翔（2017）改进了安特拉斯等（2012）方法结合出口国内附加值率，对中国价值链地位进行再评估，结果发现中国确实在价值链中处于中低端位置。安特拉斯和乔尔（Antrâs and Chor，2018）也构建并测量了全球价值链中的上游度指数和下游度指数。

然而程大中（2015）指出上游度指标反映的是价值链和产业链的关联程度，而不是通常意义上的价值链地位，所以并不能准确测度一国的全球价值链地位。后来，王等（2017a）进行了改进，提出了全球生产网络中相对"上游度"的概念。

3. KPWW 指标

库普曼等（2010）放松了 HIY 方法中饱受质疑的同密度中间品投入的假设，并以此为基础，提出了新的贸易增加值分解方法，并对总出口贸易进行了重新分解，并进一步构建了两个指标：一个是全球价值链参与度指数，另一个就是全球价值链地位指数，来分别测算一国在全球价值链中的参与程度和所处的位置，这两个指标被学界称为KPWW 指标。

周升起等（2014）使用库普曼等（2010）提出的 GVC 地位指数，测算分析了中国制造业及各细分行业的价值链地位及其演变情况；岑丽君等（2015）使用全球价值链 GVC 指数和显性比较优势 RCA 指数，讨论了中国出口贸易在全球生产网络中的分工地位及真实贸易利益；樊秀峰和程文先（2015）对库普曼等（2010）方法予以改进，在区分加工贸易出口和一般贸易出口的基础上，利用优化算法，使得传统的 I/O 矩阵和进口产品直接投入系数矩阵在信息不完全的条件下仍然可以用来测算出口附加值。

后来，王等（2017b）对库普曼等（2010）的两个指标进行了改进，提出了新的 GVC 参与度和 GVC 地位指标。

此外，戴翔（2015）将贸易附加值引入 RCA 指数，利用 WIOD 提供的数据，计算各制造业的显性比较优势指数，来分析中国价值链地位及其变化。另外还有学者使用其他方法来测度一国价值链地位，如贸易品分类法（Lall，2000；OECD，2008；文东伟，2012）、出口相似指标法（Schott，2008；Wang and Wei，2008；唐海燕和张会清，2009；丁小义和胡双丹，2013）。

但上述研究多基于产品和国家（或地区）层面的分析，此外也有部分学者尝试运用出口复杂度指数及各种变形来测度一国产业主要是制造业的价值链地位，如阿米提和福伦德（Amiti and Freund，2010）、凡阿施和甘吉斯（Van Assche and Ganges，2010）、文东伟（2011）、余淼杰（2011）、邱斌等（2012）、姚博和魏伟（2012）、高敬峰（2013）、李强和郑江淮（2013）、祝树金和张鹏辉（2013）等。

综上所述，在制造业价值链地位测度的研究方面，对于传统国际贸易统计中存在"重复核算"，导致"统计假象"，学者们观点基本都比较统一，但对于重复部分的剔除方法则未尽一致；增加值贸易统计法作为一种相对科学的国际贸易统计方法，由于提出较晚，研究尚处于起步阶段；价值链地位的测度指标尚未完全统一，而且多集中在产品和国家（或地区）层面，对制造业的研究相对较少。本研究由于开始时间的限制，采用了当时相对最准确的衡量某国全球价值链参与程度和全球价值链地位的指标，即库普曼等（2010）提出的 KPWW 指标，具体包括 GVC 参与程度和 GVC 地位两个指标。本书将使用这两个指标来测算中国制造业的价值链参与程度和价值链地位，以及中国和"一带一路"国家参与全球价值链分工的情况。但是准备将在后续研究中尝试王等（2017b）的指标测算中国制造业 GVC 参与度和 GVC 地位，并对王等（2017b）和库普曼等（2010）的指标及测算结果进行对比。

2.2.4 制造业价值链地位现状及变化趋势

关于制造业价值链地位现状及变化趋势的研究，主要是运用不同的测度方法分析某一具体国家或地区在全球价值链中位置演进情况。现有文献对发展中国家是否能够以及如何实现价值链地位的自动提升有不同认识，但多数文献认为在现有的全球价值链中发展中国家无法实现自动升级，下面将进行具体介绍。

1. 关于制造业价值链地位是否能自动实现有效提升

此类研究主要有两种代表性观点：一种观点认为发展中国家可以在

GVC 自发完成地位的提升（Gereffi，1999）；另一种观点认为发展中国家制造业在 GVC 中会被"低端锁定"，无法实现 GVC 地位的提升（刘志彪和张杰，2007；沈能和周晶晶，2016；黄先海和余骁，2017）。

第一种观点"发展中国家制造业可以自发沿着 GVC 完成升级"主要以杰里菲（1999）为代表。自杰里菲（1999）首次提出全球价值链（GVC）以来，关于价值链的研究一直是国内外学者持续关注的热点问题，其中讨论最集中的关于发展中国家制造业价值链地位升级；杰里菲（1999）国际贸易网络中存在组织性的学习行为，后发国家可以沿着组装→OEM→OBM 的路径来自发实现自身在全球价值链中地位的升级。罗德里克（Rodrik，2006）指出从中国出口来看，中国在全球价值链中的地位比较高；斯科特（Schott，2008）发现中国在出口结构方面与高收入国家之间的相似程度迅速上升；许（Xu，2007）测算后发现1992～2005 年中国的 GVC 地位得到了快速的提升，王和魏（Wang and Wei，2008）也得出了类似的结论；樊茂清和黄薇（2014）研究发现中国企业在全球价值链中地位明显处于上升趋势，中国正在逐步从低端环节向高端环节攀升；邓军（2014）指出中国出口贸易中的国内增加值在上升，表明出口结构在优化，中国全球价值链地位得到了有效的提升。

康振宇和徐鹏（2015）通过对比中日双边贸易后发现，中国的出口结构在不断优化；鲍德温和雅维尔（Baldwin and Javier，2015）和提莫等（Timmer et al.，2014，2016）分别指出贸易的开放使中国和东盟国家产业地位迅速攀升。

然而，第二种观点即"发展中国家制造业在 GVC 中会被'低端锁定'，无法实现 GVC 地位的提升"受到了多数研究的支持。目前多数研究都认为发展中国家嵌入 GVC 不会自动升级，相反可能会因价值链主导企业的压榨和遏制而进一步陷入"贫困化增长"的泥坑。刘志彪和张杰（2007）认为发展中国家在参与全球价值链时被牢牢地"低端锁定"；鞠建东和余鑫玎（2014）从贸易增加值角度出发，具体测算了我国产业竞争力以及产业所处的阶段；施炳展（2010）、李昕和徐滇庆（2013）指出，剔除加工贸易后，中国中高技术密集度的产品附加值仍然较低；王岚（2014）研究发现中国制造业的价值链地位先下降，而后有所上升，但整体仍处于下游地位；卢福财等（2008）从微观企业视角构建了一个博弈论模型来描述"上游优势企业封锁压制，下游劣势企业被低端锁定"的现象；周大鹏（2015）计算了1997～2007年48个国家和地区的出口复杂度，并以此为依据进行排名，发现我国制造业总体上处于比较落后的地位；沈能和周晶晶（2016）分析后指出当发展中国家深度参与全球价值链分工时，会导致其被牢牢地锁定在价值链的低端现象的出现；黄先海和余骁（2017）认为占据全球价值链的高端环节的发达国家，会约束和限制发展中国家向价值链高端攀升。

库普曼等（2008）指出罗德里克（2006）和斯科特（2008）等研究都没有考虑出口中的进口部分，事实上，如果剔除出口中的进口部分，中国出口中的国内增加值所占比重还不到50%；程大中（2015）研究发现成功"入世"确实提高了中国融入全球价值链的程度；张晔（2006）、董烨然（2007）、俞荣建和吕福新（2008）、刘林青等（2008）、刘志彪和张杰（2008，2009）、俞荣建（2010）、马红旗和陈仲常（2012）、张少军和刘志彪（2013）、周升起等（2014）和刘琳（2015）等采用中国面板数据进行了相应的实证检验，结果均支持了发展中国家在全球价值链中无法自动实现地位提升的观点。

2. 关于制造业价值链地位如何提升的研究

徐建明（2003）提出了延长我国加工贸易国家价值链（NVC）的观点，刘志彪和张少军（2008）提出应对接全球价值链形成国家价值链，完成产业升级和区域协调发展；张少军（2009）测算了广东省和江苏省的全球价值链和国家价值链并进行了比较；高煜和杨晓（2012）主要研究了全球生产非一体化和东部地区代工发展模式下如何构建国家价值链；而张少军和刘志彪（2013）发现中国目前形成的全球价值链和国家价值链存在负相关，国家价值链并没有有效对接全球价值链；黎峰（2016）从增加值视角基于对中国国家价值链的构建进行了理论和实证研究；裴等（Pei et al. , 2015）发现在出口产品的生产中，内陆地区往往通过向下游地区提供原材料来间接参与国际分工，因此相对处于产业链的上游；苏庆义（2016）指出传统总值贸易统计高估了沿海地区的出口增加值，低估了内陆地区的出口增加值。

鲍德温（Baldwin，2012）开始将全球价值链和区域价值链（RVC）并列进行讨论，其观点是产品价值创造各环节的全球化特征并不明显，更多体现为区域化特征；鲍德温（2013）研究发现产品价值链主要以美国、德国、日本和中国这四大"巨头"为核心，周边国家主动嵌入，形成了北美 RVC、欧洲 RVC 和亚洲 RVC，除了这四大"巨头"外，其他国家很难突破区域价值链的限制，跨区域嵌入其他价值链；张辉（2015）将区域价值链和全球价值链纳入统一的价值链"双环流"体系；魏龙和王磊（2016）也提出中国应该从嵌入全球价值链过渡到主导区域价值链。

但是这些文献大多强调用国家价值链或区域价值链来取代全球价值链，本书认为目前看来这两种做法都不太可取。如果用国家价值链来替代全球价值链，某种程度而言，有点类似进口替代战略，用区域价值链来取代全球价值链，目前条件还不太成熟，毕竟全球价值链是存在多年相对比较成熟的体系；少数文献提出两者并行存在，这种观点相对比较现实，但是本书认为并行之后，还应该借助区域价值链或国家价值链来回嵌入全球价值链中，最终实现在全球价值链中地位的有效提升。

需要特别注意的是，本书提出的"一带一路"倡议下中国主导的区域价值链建设，不仅是后金融危机时代对贸易利得的简单争取，更是对制造业产业升级和价值链中高端发展机会的把握。主导区域价值链并不是我们的目标，我们的目标是实现中国制造业在全球价值链中地位的有效提升，所以在构建了"一带一路"区域价值链并成功实现主导以后，最终还要考虑回嵌到全球价值链中，并实现在全球价值链中地位的有效提升，那么与"一带一路"沿线国家构建中国自身主导的区域价值链如何推动中国制造业价值链地位的提升，这才是本书更为关注的内容。针对这个问题，本章在后面的两节中将进行论述和探讨。

2.2.5 制造业价值链地位的影响因素

现有研究发现，影响一国制造业价值链地位的因素有很多，如 FDI、物质资本、人力资本、国内研发、加工贸易、OFDI、进口贸易、基础设施、全球价值链嵌入度、产品内分工、知识产权保护、生产性服务投入、增加值能力和制度质量等。

FDI。诺顿（Naughton, 2007）、许和路（Xu and Lu, 2009）、布兰斯蒂勒和哈迪（Branstetter and Hardy, 2006）和祝树金等（2010）都指

出 FDI 能够对一国制造业价值链地位产生重要的影响；祝树金等（2010）认为 FDI 有利于提升出口国内技术含量及价值链地位；唐宜红和张鹏杨（2017）研究发现，FDI 通过全球价值链嵌入正反两方面的作用是造成全球价值链嵌入机制下 FDI 对出口国内附加值影响不显著的原因；黄灿和林桂军（2017）发现 FDI 与制造业整体 GVC 分工地位显著正相关，行业层面回归显示 FDI 对发展中国家电子及光电行业分工地位提升有显著促进作用。

物质资本。祝树金等（2010）认为资本在长期内对于制造业价值链地位的提升具有积极的作用；陈晓华等（2011）中国出口技术结构演进的动力机制与普通发展中国家并不相同，国家和地区层面演进的根本动力是国内物质资本存量的递增，但物质资本边际效用的区际递减现象明显。

人力资本。豪斯曼等（2007）、王和魏（2008）、唐海燕和张会清（2009）、祝树金等（2010）强调人力资本对于一国价值链地位提升的重要性。

国内研发。王英和刘思峰（2008）指出国内的研发支出、FDI 和出口贸易都能促进国内技术进步即价值链地位提升，但 OFDI 和进口贸易并没有起到促进作用；祝树金等（2010）发现研发有利于提升出口国内技术含量即价值链地位；黄灿和林桂军（2017）发现研发投入与制造业整体 GVC 分工地位显著正相关，行业层面回归显示研发投入对发展中国家电子及光电行业分工地位提升有显著促进作用。

加工贸易。诺顿（2007）、王和魏（2007）、姚洋和张晔（2008）、许和路（2009）、凡阿施和甘吉斯（Van Assche and Ganges，2010）、段玉婉和杨翠红（2018）均认为剔除了加工贸易以后，中国制造业出口贸易技术含量偏低，可见 GVC 地位并未提升。

进口贸易。高敬峰（2013）使用面板数据检验的结论是中国自发达国家进口显著地促进了中国出口产品的技术水平；持有类似观点的还有王英和刘思峰（2008）、谢建国和周露昭（2009）等；祝树金等（2010）认为进口贸易对中国制造业价值链地位提升的作用显著为负。

全球价值链嵌入度。刘维林等（2014）发现嵌入全球价值链促进了中国价值链地位的提升；沈能和周晶晶（2016）发现中国参与全球价值链分工与价值链地位之间存在着倒"U"型的非线性关系；余东华和田双（2019）分析了嵌入全球价值链对中国制造业转型升级的影响机理，并指出两者之间存在"U"型关系。

产品内分工。张小蒂和孙景蔚（2006）研究发现产品内分工程度的提高提升了技术和资本密集型产业竞争力；唐海燕和张会清（2009）发现参与产品内分工确实提高了发展中国家的全球价值链地位；于津平和邓娟（2014）研究发现加工贸易产品内分工阻碍了中国价值链地位的提升，而以一般贸易形式参则促进了中国价值链地位的提升。

生产性服务投入。戴翔等（2019）区分了不同服务投入来源结构对价值链地位提升的影响，并进行了实证检验；杨仁发和刘勤伟（2019）肯定了生产性服务投入促进制造业价值链地位的提升，并指出具有行业异质性；周大鹏（2015）研究了进口中间服务投入的影响；经过定量测算后指出，长期来看，进口服务中间投入确实能够促进我国制造业价值链分工地位的提升，尤其是知识与技术需求量高的制造业，所受的影响最为显著。

制度质量。唐海燕和张会清（2009）认为制度环境会影响一国价值链地位的提升；刘琳（2015）指出制度质量也能够影响全球价值链地位，黄灿和林桂军（2017）发现制度通过利用自然资源促进制造业整体 GVC 分工地位提升。

此外，劳尔和威斯（Lall and Weiss，2006）、唐海燕和张会清（2009）强调劳动力会显著影响一国价值链地位的提升；王永进等（2010）指出基础设施可以提升出口技术复杂度即一国的全球价值链地位，并分析了其中的机理；柴江艺和许和连（2012）结合行业异质性分析了适度知识产权保护对出口技术进步即全球价值链地位的影响；刘斌等（2015）指出对外直接投资可能通过边际产业转移效应和逆向技术溢出效应影响本国制造业的价值链地位；黄灿和林桂军（2017）自然资源丰裕度与制造业整体 GVC 分工地位显著正相关，制度通过利用自然资源促进分工地位提升；王岚和李宏艳（2015）强调了增加值能力对全球价值链地位提升的重要作用；盛斌和景光正（2019）分析了金融结构、契约环境与全球价值链地位的关系；王思语和郑乐凯（2018，2019）均强调了制造业出口服务化与价值链提升的关系。

但是总体来看，现有文献多基于跨国层面数据来分析国家整体价值链地位的影响因素，对于行业层面特别是制造业价值链地位的影响因素的分析不多，而且不够全面深入。

2.3　关于增加值贸易统计与价值链地位的研究

目前关于价值链的研究文献不胜枚举，关于增加值贸易的研究也不少见，然而真正把增加值贸易统计和价值链地位联系起来的文献却并不太多。

部分学者进行了一定的探索，使用增加值贸易统计方法来测算产业优势并判定价值链地位，具体来说，主要是从国际需求角度，采用后向分解法来进行测算出口国内增加值或出口国内增加值率，来判定价值链地位。例如，库普曼等（2012，2014）、王等（2013）、童伟伟和张建民（2013）研究发现中国对美出口贸易中国内价值含量持续下降，高技术产业产品包含的国内价值较低；马涛和刘仕国（2013）认为增加值贸易统计能够如实反映中国真实的价值链地位，中国应该积极参与全球价值链的重构；徐九香和方齐云（2013）研究认为中国是贸易大国但不是强国，中国制造业出口国内增值率较低；张海燕（2013）也发现中国出口国内附加值率下降，中国制造业实际上并没有传统贸易统计结果显示出的巨大优势；罗长远和张军（2014）结合投入产出技术分析指出我国高技术产品出口的增加仍然主要依赖加工贸易和产业内贸易带动，由此得出我国高技术产品制造业仍处于国际分工低端位置的结论。

王岚（2014）直接用出口国内增加值衡量全球价值链地位，发现"入世"后中国的全球价值链地位先下降后上升，总体仍然较低；江希和刘似臣（2014）指出中国对美制造业出口增加值率在 40% ~ 50%；戴翔（2015）测算得出我国造纸、纺织等中低端制造业产业在全球生产网络上动态攀升水平不断提升。

比较有益的尝试是周升起等（2014）基于 OECD - WTO 数据库使用 GVC 地位指数进行测算后发现，发现中国制造业的国际分工地位仍然较低，但是数据使用的是 1995 ~ 2009 年的数据，无法反映中国制造业 GVC 地位的新变化，而且更重要的是没有区分加工贸易和一般贸易（全球制造业和非全球制造业），2009 年之前我国加工贸易占比还维持在 45% 以上的高位，但之后一直下降，到 2015 年已经下降到 35.8%，显然影响了结论的准确性和科学性。

但是现有多数文献都是采用这种从需求角度出发的贸易增加值后向分解方法，用这种方法测得的间接增加值是隐含于本部门出口中的其他部门的价值量，与特定价值链案例分析十分相似，但是并没有完全解决本国行业间的分工问题。相比之下，前向分解法测算得出的间接增加值是本部门隐含于其他部门中的出口价值量，这种方法更注重追踪某一部门生产要素投入价值的具体流向。例如，刘斌等（2016）考虑了作为国民经济"润滑剂"的服务业，有大量生产性服务价值被作为中间要素投入到制成品的生产中，这部分价值也以制造业服务化的新型形式出口到世界其他国家。艾格等（Egger et al.，2017）和程大中等（2017）均指出这部分内嵌于制造业的间接出口的生产性服务价值，在传统总值贸易及后向分解法的研究中是难以被捕捉到从而很容易被忽视的，这样就高估了制造业出口价值量水平；郑乐凯和王思语（2017）分别采用传统总值贸易统计、后向分解法和前向分解法三种方法计算了显示性比较优势，并考察其动态变化情况，前向分解法更能真实反映一国的价值链地位。

2.4　本章小结

本章主要对现有文献进行回顾和述评，主要内容可以分为三部分：关于增加值贸易统计的研究、关于制造业价值链地位及影响因素的研究和关于增加值贸易统计与价值链地位的研究。

第一部分主要介绍了增加值贸易统计研究成果。增加值贸易提出相对较晚，目前文献不是太多，主要是对增加值贸易现象进行分析并界定相关概念，将增加值贸易统计与传统总值贸易统计进行比较，强调使用增加值贸易统计的必要性和重要性，然后回顾了对于增加值贸易统计研究的进展，总结了三种主要研究方法，最后介绍了关于增加值贸易统计常用的主要数据库资源。

第二部分梳理了关于制造业价值链地位及影响因素的相关文献。从全球价值链理论的提出开始，分别介绍了制造业价值链参与程度和地位的测度，接着对制造业价值链地位的现状及变化趋势进行了总结，最后回顾了制造业价值链地位影响因素的相关文献。

第三部分总结了将增加值贸易统计与价值链联系起来进行研究的文献。这部分文献为数不多，而且集中在增值贸易统计下讨论贸易格局和产业优势的变化，具体到增加值贸易统计下价值链地位的研究很少，更没有进一步讨论制造业价值链地位的影响因素，这正是本研究关注的重点问题。

第3章 中国制造业发展及出口贸易现状

制造业是一国实体经济的主体，是国民经济的支柱，直接体现了一国的生产力发展水平，反映一国的经济实力和国际地位；在我国国民经济生活中，制造业作为支柱产业和主导产业，居于核心地位。本章首先回顾中国制造业总体发展历程、分析其总体发展现状以及分行业发展现状，然后介绍中国制造业出口贸易现状，并分析其出口结构变化，表面来看，分析结果似乎都表明中国制造业在全球价值链中地位得到了有效提升，然而，本章分析使用的均为总值贸易数据，而并非增加值贸易数据，因此，并不能直接反映我国制造业真实的发展状况和价值链地位。

3.1 中国制造业的发展概况

3.1.1 中国制造业总体发展历程

新中国成立后中国制造业的发展可以大致分为以下四个阶段：初建形成、复苏崛起、高速发展和转型升级。下面分别介绍这四个阶段：

第一阶段：初建形成（1949~1977年）

新中国成立初期，面临西方国际社会的强大压力，新生的社会主义中国选择了按照苏联的发展思路，实行了优先发展钢铁等重化工业的逆比较优势的"进口替代"战略，这种战略实施确实有一定成效，然而，受到国际环境、物质资本短缺、技术落后、人力资本缺乏等因素的制约，中国制造业虽然有了一定的发展，但是与西方资本主义国家相比整体呈现典型的落后态势，典型的"高投入、低产出"，再加上国内资源配置严重偏向重化工业，传统的优势产业即农业和轻工业的发展也受到了限制。总之，这一时期，我国的主要任务是克服各种困难，着力建立和发展制造业，努力扭转国内生产无法满足国内需求的困境。

第二阶段：复苏崛起（1978～2000年）

1978年开始，我国进入改革开放新时期，制造业的发展也迎来了新的机遇，并成为我国经济发展的主要推动力，中国制造业发展进入了市场主导轻工业发展的新阶段。产品种类极大丰富，产品质量不断提高，制造业的技术水平和生产能力得到大幅提升，部分产业具备了国际竞争力，加工贸易蓬勃发展，民营经济快速成长，中国制造业在这一阶段顺利实现了复苏之后的迅速崛起。

第三阶段：高速发展（2001～2007年）

2001年12月11日中国成功加入WTO之后，中国快速融入全球分工体系，逐渐发展成为世界工厂，"中国制造"遍布在世界各个角落。总之，这一段时期中国制造业呈现高速发展态势，影响力覆盖全球。

第四阶段：转型升级（2008年至今）

从国际环境来看，自从2007年美国次贷危机爆发，并演变成全球性金融危机，同时发达国家由于面临"产业空心化"和"结构性失业"，开始提出"再工业化"战略以吸引制造业回流；而在低端和中低端制造业方面，不少发展中国家在政府的政策引导下，采取措施，大力吸引FDI。

从国内环境来看，经过几十年的快速发展，虽然我国制造业逐步积累了相当数量的资本、技术、经验，但是随着我国经济发展进入"新常态"，人口红利逐渐消失、资源环境问题日益突出，制造业的传统竞争优势逐渐消失，转型升级任务紧迫和艰巨。

3.1.2 中国制造业总体发展现状

新中国成立70年来，特别是经过改革开放40多年的发展，我国工业经济规模跃居全球首位，从制造业发展来看，世界银行数据显示，2000年，中国制造业增加值在全球制造业增加值中占比仅6.6%，远远低于分别占比26.5%和17.1%的美国和日本，甚至比占比6.9%的德国也略逊一筹；2010 年开始我国制造业增加值超过美国，迄今已经连续九年成为第一制造大国；到 2018 年我国制造业增加值已经达到逾 4 万亿美元，占 GDP 比重的近 30%，总体来看，中国制造业整体实力已经具备相当的国际竞争力，已经建成了门类齐全、独立完整的制造体系。

然而，我国制造业典型的"大而不强"。虽然中国制造业增加值全球第一，利润率却只有 2.59%，而美国制造业增加值 GDP 占比 17%，位列第二，但利润率却高达 12.2%。此外，中国工信部的数据显示，全球 500 强中中国制造业企业的利润率为 4.37%，而世界 500 强企业的利润率则达到 6.57%。由此可见，我国是典型的制造业大国而远非强国。与发达国家相比，我国制造业无论在创新能力、整体素质还是竞争力方面仍有明显差距。

表 3 - 1 列出的是 2016 年与 2020 年（预计）全球制造业竞争力排名情况，内容来自德勤有限公司全球消费与工业产品行业团队与美国竞争力委员会编制的第三份研究报告《全球制造业竞争力指数》（2016）。该报告对 2016 年全球主要经济体制造业的竞争力状况进行分析，并预估了 2020 年各经济体制造业的竞争力排名，得出的结论是：2016 年全球制造业竞争力排名第一的是中国，其次是美国、德国、日本、韩国、英国、中国台湾、墨西哥、加拿大和新加坡。然而，预计 2020 年的全球制造业竞争力排行榜上，该报告认为美国将超越我国成为世界上制造业竞争力排名第一的强国。

表 3 - 1　　2016 年与 2020 年（预计）全球制造业竞争力排名

排名	2016 年 国家或地区	评分	2020 年（预计）		评分
			2016 年对比 2020 年	国家或地区	
1	中国	100.0	+1	美国	100.0
2	美国	99.5	-1	中国	93.5
3	德国	93.9	—	德国	90.8
4	日本	80.4	—	日本	78.0
5	韩国	76.7	+6	印度	77.5

排名	2016 年 国家或地区	评分	2020 年（预计）		评分
			2016 年对比 2020 年	国家或地区	
6	英国	75.8	−1	韩国	77.0
7	中国台湾	72.9	+1	墨西哥	75.9
8	墨西哥	69.5	−2	英国	73.8
9	加拿大	68.7	−2	中国台湾	72.1
10	新加坡	68.4	−1	加拿大	68.1

资料来源：《全球制造业竞争力指数》（2016）。

3.1.3　中国制造业分行业发展现状

首先，按照《2017 国民经济行业分类》（GB/T 4754—2017）对制造业进行分行业分析。该分类中第 C 类为制造业，具体包括 31 个行业门类，考虑数据的可得性和研究需要，首先剔除第 42 类"废弃资源综合利用业"和第 43 类"金属制品、机械和设备修理业"，接着将第 36 类"汽车制造业"和第 37 类"铁路、船舶、航空航天和其他运输设备制造业"合并为"交通运输设备制造业"，这样最后总共得到 28 个制造行业[①]。

接下来要对 28 个制造行业进行归类，此处参考张其仔和李蕾（2017）的做法，将 28 个制造业划分为劳动、资本和技术密集型三大类制造业。其中，劳动密集型制造业包括农副食品加工业等 14 个制造行业，资本密集型制造业主要包括烟草制造业等 6 个制造行业，技术密集

---

① 这 28 个制造行业具体包括：农副食品加工业，食品制造业，酒、饮料和精制茶制造业，烟草制造业，纺织业，纺织服装、服饰业，皮革、皮毛、羽毛及其制品和制鞋业，木材加工和木、藤、棕、草制品业，家具制造业，造纸和纸制品业，印刷和记录媒介复制业，文教、工美、体育和娱乐用品制造业，石油、煤炭及其他燃料加工业，化学原料和化学原料制造业，医药制造业，化学纤维制造业，橡胶和塑料制品业，非金属矿物制品业，黑色金属冶炼和压延加工业，有色金属冶炼和压延加工业，金属制品业，通用设备制造业，专用设备制造业，交通运输设备制造业，电气机械和器材制造业，计算机、通信和其他电子设备制造业，仪器仪表制造业以及其他制造业。

型制造业主要包括医药制造业等 8 个制造行业①。

　　图 3 - 1 给出了三种类型制造业的产出占比。如图 3 - 1 所示，从产出比重来看，技术密集型制造业所占比重最高，最低的是资本密集型制造业，劳动密集型制造业产出比重居中。劳动密集型制造业走势相对平稳，基本维持在 35% 上下，技术密集型制造业和资本密集型制造业走势正好相反，特别是 2012 年以后，技术密集型制造业产出明显上升，资本密集型制造业产出明显下降，这在一定程度上意味着技术密集型制造业的优势逐渐增强，资本密集型制造业的优势逐渐削弱。

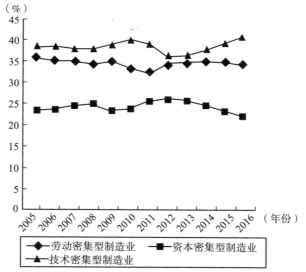

图 3 - 1　2005 ~ 2016 年三种类型制造业的产出占比

资料来源：根据中国统计年鉴数据计算绘制所得。

---

　　①　其中，劳动密集型制造业主要包括农副食品加工业、食品制造业、酒、饮料和精制茶制造业、纺织业、纺织服装、服饰业、皮革、皮毛、羽毛及其制品和制鞋业木材加工和木、竹、藤、棕、草制品业、家具制造业、造纸和纸制品业、印刷和记录媒介复业、文教、工美、体育和娱乐用品制造业、橡胶和塑料制品业、非金属矿物制品业、金属制品业；资本密集型制造业主要包括烟草制造业，石油、煤炭及其他燃料加工业，化学原料和化学原料制造业，化学纤维制造业，黑色金属冶炼和压延加工业，有色金属冶炼和压延加工业 6 个制造行业；技术密集型制造业主要包括医药制造业，通用设备制造业，专用设备制造业，交通运输设备制造业，电气机械和器材制造业，计算机、通信和其他电子设备制造业，仪器仪表制造业，其他制造业 8 个制造行业。

图 3 - 2 给出的是 2005～2016 年三种类型制造业的投资占比。如图 3 - 2 所示，劳动密集型制造业和技术密集型制造业的投资占比呈上升趋势，特别是劳动密集型制造业投资占比最大，而且上升幅度更加明显，技术密集型制造业的投资占比也在逐年上升，但是资本密集型制造业投资占比最小，而且明显呈下降趋势，从 2005 年的 30.73% 开始，一直下降至 2016 年的 17.43%。

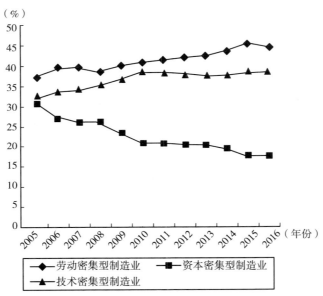

图 3 - 2　2005～2016 年三种类型制造业的投资占比

资料来源：根据中国统计年鉴数据计算绘制所得。

3.2　中国制造业出口贸易现状

3.2.1　中国出口贸易概况

改革开放以来，中国所特有的嵌入全球经济的模式受到了全世界的关注，而这种特有模式的最主要表现形式之一是出口的"爆炸型"增长（陈勇兵、周世民，2012），如图 3 - 3 所示，中国的出口贸易额从

1980 年的 181 亿美元增长到了 2014 年的 23422. 93 亿美元，除了 2009
年受金融危机的影响出口贸易额有显著下降外，增长势头非常迅猛，年
均增速超过 15%；从中国出口贸易额占世界出口总额的比重来看，如
图 3 - 4 所示，1980 年中国出口贸易额仅占世界出口总额的 0.9%，
2014 年则已经增加到 12.4%；从出口贸易额的世界排名来看，1980 年

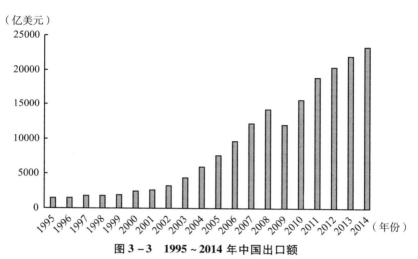

图 3 - 3　1995～2014 年中国出口额

资料来源：国家统计局官方网站。

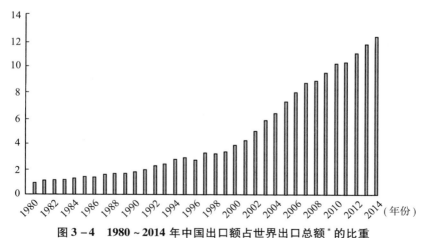

图 3 - 4　1980～2014 年中国出口额占世界出口总额* 的比重

注：* 为根据 WTO 网站公布的数据对历年"世界出口总额"进行了调整。
资料来源：1980～2013 数据来自《中国贸易外经统计年鉴》(2013)，2014 数据来自 WTO
官方网站。

中国出口额排名第 26 位，1997 年排名第 10，2009 年开始超越德国成为全球最大的出口贸易国，根据现有的统计数据，中国出口额已连续 6 年排名第一①。

3.2.2　中国制造业出口贸易现状

从中国出口贸易商品结构来看，按照联合国《国际贸易标准分类》（SITC），可以将全部产品分为初级产品和制成品两大类，如图 3 - 5 所示，从两类产品的增长走势来看，初级产品出口总额增长非常缓慢，而工业制成品在 1980～1993 年的增长速度跟初级产品相差无几，但从 1994～2000 年逐渐拉开距离，特别是 2000 年开始，制成品出口额突破 2000 亿美元，而在 2001 年底中国加入 WTO 以后，从 2002 年开始一直到 2008 年迅猛发展，到 2008 年，制成品出口额已经接近 14000 亿美元，出现第一个高峰，此后受金融危机影响 2009 年制成品出口额回落到 11384.8347 亿美元，2010 年又马上回升至 14960.6856 亿美元，然后一路走高，到 2014 年更是达到了 22296.01 亿美元。

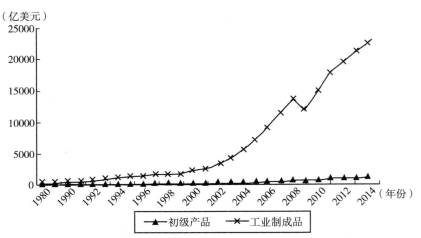

图 3 - 5　1980～2014 年中国出口贸易中制成品和初级产品增长走势
资料来源：各年度《中国统计年鉴》。

---

①　根据 WTO 网站公布的数据对历年"世界出口总额"进行了调整；数据来源见《中国贸易外经统计年鉴》。

从两种产品出口占比来看,如图3-6所示,自20世纪80年代中期以后,制成品占中国出口的比重就超过了50%,成为中国出口增长的主要来源。2001年制成品占比超过90%,为90.10%,2009~2012年均在94%以上,其中2014年制成品比重达到95.19%,目前来看,我国很显然已经成为一个典型的以制成品为主的出口国。

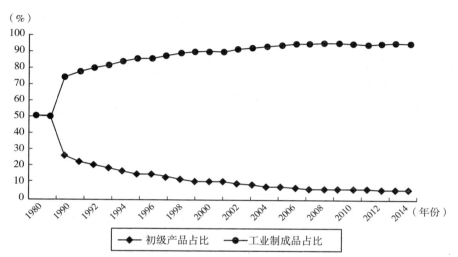

图3-6 1980~2014年中国出口贸易中制成品和初级产品的比重
资料来源:各年度《中国统计年鉴》。

图3-7反映了1981~2015年中国制成品出口增速和初级产品出口增速。从图中可以看出,改革开放以来,除个别年份外,我国出口贸易中制成品出口增长速度都为正数,而且显著高于初级产品出口增长速度,显然我国制成品出口基本一直保持较高的增长速度,最高曾经达到45.5%的水平,平均增速为17.8%,而同期初级产品出口的平均增速只有7.93%,这也是我国制成品能长期在我国总出口中占据较大比重的原因。

如果考虑中国制造业参与价值链分工的两种不同贸易方式,并加以区分和比较的话,能够得到更多的信息。例如,图3-8反映了1981~2015年中国一般贸易出口、加工贸易出口和总出口现状。如图所示,2011年之前总出口、一般贸易出口和加工贸易出口的变化趋势非常相似,都是先缓慢上升,到20世纪90年代中期上升速度有所加快,到了

21 世纪初期开始急剧上升，2009 年主要是金融危机的影响导致总出口、一般贸易出口和加工贸易出口都有明显的下降，然而之后三者差异比较明显，总出口一路上升，2014 年总出口最高值为 23422.93 亿美元，到

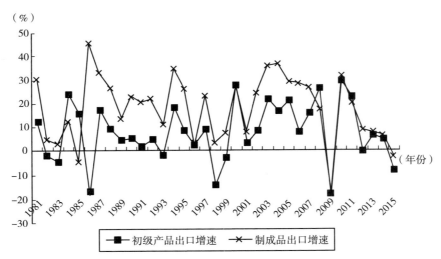

图 3 − 7　1981～2015 年中国制成品出口增速和初级产品出口增速（上年为 100）

资料来源：各年度《中国贸易外经统计年鉴》。

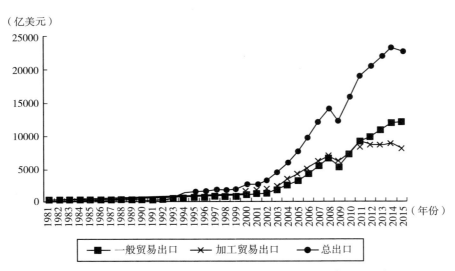

图 3 − 8　1981～2015 年中国一般贸易出口、加工贸易出口和总出口

资料来源：各年度《中国贸易外经统计年鉴》。

2015年小幅回落到22734.69亿美元；一般贸易出口在2010年之后一直保持上升趋势，到2015年为12147.92亿美元；加工贸易出口在2011年之后虽有上升但是幅度很小，2014年达到历史最高点8842.18亿美元，到2015年有小幅下降，金额为7975.3亿美元。这也在一定程度上体现了中国贸易结构正趋于优化。

　　事实上，自20世纪80年代初以来，中国参与全球价值链分工，所采取的具体形式主要是"两头在外，大进大出"的加工贸易，加工贸易在推动我国制造业和国民经济的发展方面发挥了显著的作用。近年来，中国加工贸易进出口出现了大幅变化，加工贸易进出口总额在总进出口贸易额中的比重由2005年的48.6%下降到2015年的31.5%，具体如图3-9所示。

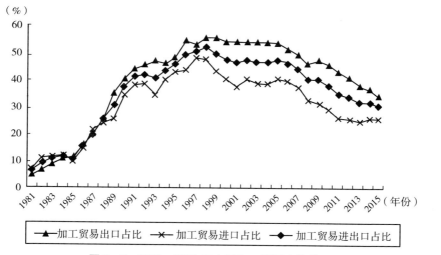

图3-9　1981~2015年中国加工贸易占比情况

资料来源：《中国贸易外经统计年鉴》。

　　考虑到加工贸易具有"大进大出，两头在外"的特征，此处用加工贸易余额占总出口中的比例可能更准确，如图3-10所示，中国加工贸易余额占出口的比例也呈现先增后减的态势，2009年达到最高为22%，之后一路下降，到了2015年降为15%。由于中国以加工贸易为主要形式参与产品内分工，得到的贸易收益比例很少，而且"大进大出"的"统计假象"很容易导致贸易摩擦。比如中美贸易失衡背后的利益流向并不像总值贸易数据统计得出的贸易差额一样，不仅与数据极不对等，而且很容易导致贸易摩擦。

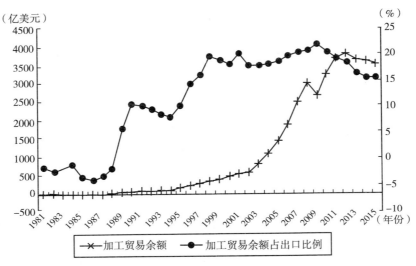

图 3 - 10   1981 ~ 2015 年中国加工贸易余额及占比

资料来源：《中国贸易外经统计年鉴》。

图 3 - 11 给出的是 2009 ~ 2017 年世界主要国家制造业出口占比情况，如图 3 - 11 所示，显然中国排名第一位，各年度制造业出口占比均在 93% 以上，其次是日本和德国，分别为 88% 和 83% 左右，这三个国家制造业出口在 2009 ~ 2017 年变化不大，走势比较平稳；印度和美国相比较而言，美国有小幅下降的趋势，印度则有所不同，从 2009 年开始先降后升，最低的是巴西，各年度制造业出口占比均不超过 40%。

3.2.3　中国制造业出口结构变化

如前所述，制造业是我国国民经济生活中的支柱产业，也是我国经济增长的主导部门。改革开放以来，中国制造业的发展非常迅速，无论是总量规模还是技术水平都有很大的提高，中国已经成为一个名副其实的制造业大国。然而，正如罗德里克（Rodrik，2006）指出的"重要的不是出口多少，而是出口什么"，学术界关注的重点已经从"量"转向了"质"，即出口结构方面。从制成品出口内部结构来看，各类产品出口表现不尽相同，下面分别进行分析和比较。

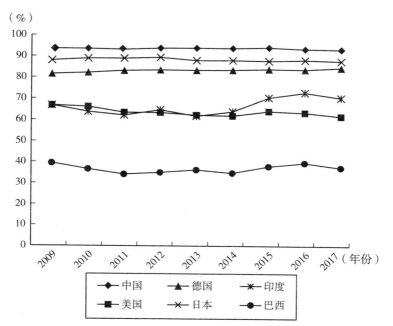

（%）

图 3-11　2009～2017 年世界主要国家制造业出口占比
资料来源：根据世界银行数据库资料整理绘制。

以联合国国际贸易标准分类（SITC）为基础，我国贸易统计中制成品主要包括五大类："机械及运输设备类产品""杂项制品""轻纺产品、橡胶制品、矿业产品及其制品""化学品及有关产品"以及"未分类的其他产品"。图 3-12 和图 3-13 分别反映了 1980～2014 年我国五类制成品出口金额及其占制成品出口比例情况。

如图 3-12 所示，从各类制成品出口金额变化来看，1980～2014 年，五大类产品中，除了"未分类的其他产品"出口金额变化不大较为稳定外，其余四类制成品出口虽然在 2009 年均出现下降，但总体来看都呈现显著上升趋势，其中技术含量最高的"机械及运输设备类产品"增长幅度最大，"杂项制品"出口次之，"轻纺产品、橡胶制品、矿业产品及其制品"出口再次，"化学品及有关产品"出口增幅最小。

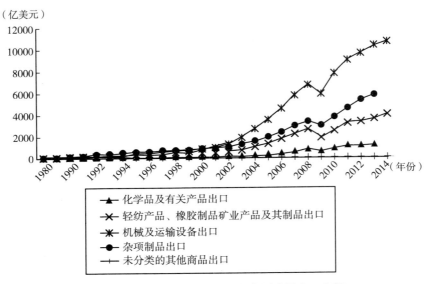

（亿美元）

图 3 - 12　1980 ~ 2014 年中国各类制成品出口金额

资料来源：各年度《中国统计年鉴》。

　　图 3 - 13 则反映了五大类制成品 1980 ~ 2014 年出口占比变化走势，如图所示，"未分类的其他商品"出口占比在 1980 ~ 1992 年有较大起伏，1992 年以后基本维持在 0.1% 左右；"轻纺产品、橡胶制品、矿业产品及其制品"和"化学品及有关产品"出口占比总体呈下降趋势，2002 年以来比较稳定，基本维持在 20% 和 8% 左右；"杂项制品"下降幅度最大，从 1992 年的 50% 左右到 2014 年的 27% 左右，而技术含量最高的"机械及运输设备类产品"则是唯一呈上升趋势的一类，1980年仅为 8% 左右，1985 年更是只有 5%，1998 年以后迅速增长，到 2004年达到 50%，此后稳步上升，最高值出现在 2010 年，达到 52.15%，后来又稍有下降，2014 年在 50% 左右。

　　图 3 - 14 和图 3 - 15 分别反映了制成品中机电产品出口贸易额及其占制成品出口比例变化。如图 3 - 14 所示，1995 ~ 2012 年，除 2009 年由于金融危机的影响出现较大幅度下降外，机电产品总体出口贸易额一路走高，从 1995 年的 437 亿美元，已经上升至 2014 年的 13108 亿美元；图 3 - 15 中，可以看出 1995 ~ 2012 年机电产品出口占制成品出口比例也呈现上升趋势，从 1995 年占比 34.33%，到 2009 年的 62.64%，

近年虽有所下降，但仍然维持在 60% 左右。这说明无论从出口贸易额还是出口占比来看，机电产品都是我国制成品出口的第一大类产品。

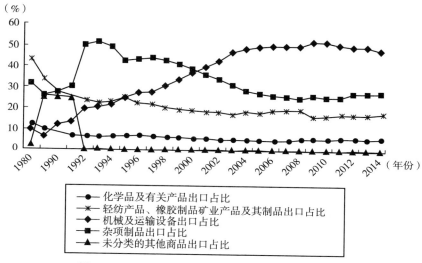

图 3-13 1980～2014 年中国各类制成品出口占比

资料来源：各年度《中国工业经济统计年鉴》。

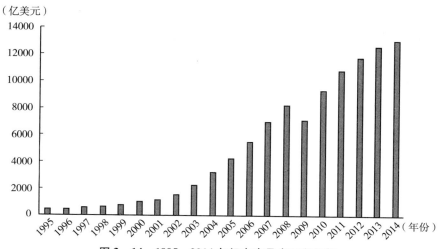

图 3-14 1995～2014 年机电产品出口贸易额

资料来源：各年度《中国国民经济和社会发展统计公报》。

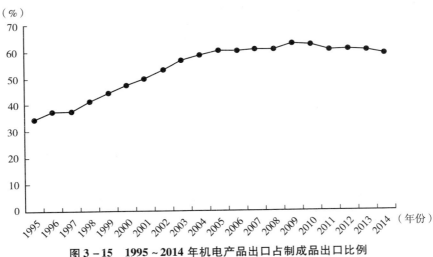

图3 – 15　1995～2014年机电产品出口占制成品出口比例

资料来源：各年度《中国国民经济和社会发展统计公报》。

图3 – 16和图3 – 17则反映了制成品内部高技术制成品的出口贸易额及其占制成品出口比例情况。从出口贸易金额来看，如图3 – 16所示，高技术制成品出口贸易额由2001年的465亿美元跃升至2014年的6605亿美元，增长了约13.2倍，除了2009年和2014年略有下

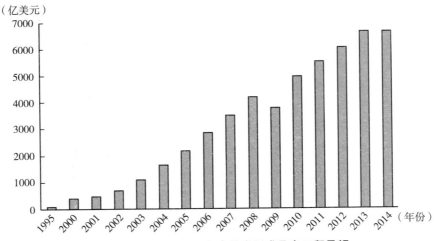

图3 – 16　1995～2014年高技术制成品出口贸易额

资料来源：各年度《中国科技统计年鉴》。

降，总体呈现上升趋势，显示出我国外贸出口产品结构的不断优化①；同时图 3 – 17 显示，高技术产品出口比重连年攀升，占中国制造业出口的比例约为 30%，已经超过了低技术制成品的出口份额，成为我国出口最主要的产品类型。

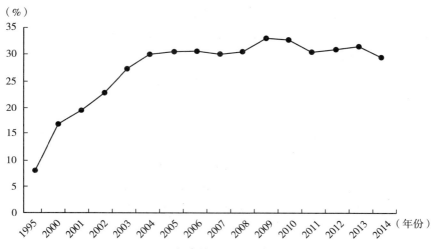

图 3 – 17　1995 ~ 2014 年高技术制成品出口占制成品出口比例

资料来源：各年度《中国科技统计年鉴》。

图 3 – 18 将中国高技术产品出口情况与四个主要发达国家美国、德国、英国、日本以及世界平均水平进行了比较，考察中国与这四个国家在高技术产品出口额占制成品出口额的比重方面的变化趋势，结果发现，中国在 2000 ~ 2013 年高技术产品出口占制成品出口额比重不仅远超世界平均水平，也明显领先四个发达国家。如图 3 – 18 所示，美国高技术产品出口额占制成品出口额比重在 2000 ~ 2005 年具有绝对的优势，但是 2004 年以后被中国超越，而且持续下降特别是在 2007 ~ 2011 年下降幅度比较大，2013 年仅为 17.76%；德国总体变化幅度不太大，2000 ~ 2008 年下降趋势相对明显，2008 年仅为 13.31%，但此后开始呈现回升趋势，虽然幅度不大，但是上升趋势是明显的，到 2013 年已经达到 16.08%；英国除了在 2004 ~ 2007 年和

---

①　根据《国民经济和社会发展统计公报》计算得出。

2012～2013 年超过 10 个百分点的急速升降、2008～2009 年和 2010～
2012 年小幅回升之外，其余年份一直在下降，2013 年暴跌至历史最低
水平，仅为 7.65%；日本总体也是呈现下降趋势，仅在 2008～2009 年
有小幅回升，2009 年以来变化幅度较小，2013 年数据为 16.78%；中国
的趋势与这四个国家完全不同，虽然起点比较低，仅为 18.58%，但是
发展非常迅速，除了 2008 年由于金融危机的影响小幅回落外，一直是
稳中有升的趋势，并且在 2009 年以后以绝对优势远远领先四个发达国
家，2013 年数据为 26.97%。

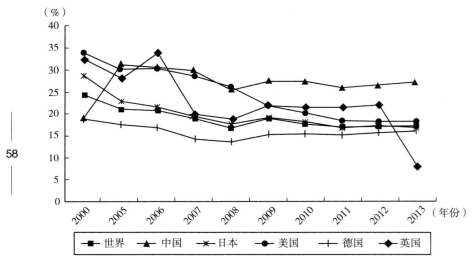

**图 3 – 18　2000～2013 年中国与主要发达国家高技术
产品出口额占制成品出口额的比重**

资料来源：各年度《国际统计年鉴》。

　　图 3 – 19 给出的是 2005～2016 年三种类型制造业的出口占比。如
图 3 – 19 所示，我国出口的制造业产品中，技术密集型制造业出口占比
最高，各年度占比均在 50% 以上，其次是劳动密集型制造业，资本密
集型制造业出口占比最低。虽然劳动密集型产业的出口规模不小，出口
占比各年度均在 30% 以上，但是由于劳动密集型产品的价格和附加值
较低，制造企业出口获利并不多。

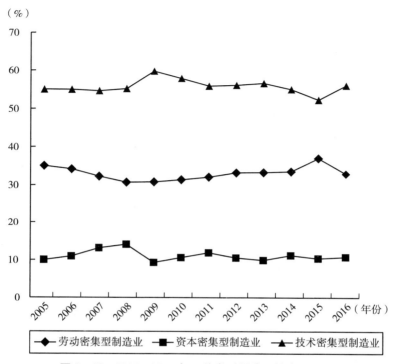

图 3 - 19 2005～2016 年三种类型制造业的出口占比

资料来源：根据《中国统计年鉴》数据计算绘制所得。

如前所述，无论是机械及运输设备类产品，机电产品，高技术制成品，还是技术密集型产业的出口占比，似乎都表明中国制造业在全球价值链中地位得到有效提升，中国目前已经开始具有技术比较优势了。

其实，与国外先进水平相比，中国制造业的差距还比较明显。目前我国在全球价值链中承接的仍然主要是低技术含量、低附加值环节的生产，巨大的出口贸易额呈现出的"统计假象"看似美好，实际上无法反映真实的出口技术水平。

由此可见，要想准确测度中国制造业在全球价值链中的地位，必须借助相对科学的指标，下一章将采用增加值贸易统计方法分别测算中国本土制造业出口国内技术含量和中国制造业 GVC 地位指数，来测度中国制造业价值链地位的真实水平。

3.3 本 章 小 结

本章主要介绍中国制造业的发展以及中国制造业出口贸易现状。本章主要内容可以分为两部分：一是中国制造业发展概况；二是中国制造业出口贸易现状。

在中国制造业发展概况部分，首先回顾了中国制造业发展的历程，从新中国成立后分成了初步建成、复苏崛起、高速发展和转型升级四个阶段，然后介绍了中国制造业总体发展现状，指出虽然自 2010 年以来，中国制造业增加值连续九年位列全球第一，但是中国制造业典型的"大而不强"，与发达国家相比，我国制造业利润率严重偏低，创新能力、整体素质和竞争力仍有明显差距，资源配置效率有待于进一步提高。

在中国制造业出口贸易现状部分，该部分首先分析了中国出口贸易概况，然后具体到中国制造业出口贸易概况，最后是中国制造业出口结构变化。从出口贸易来看，我国自 2009 年开始超越德国成为全球最大的出口贸易国，目前出口额已连续 10 年排名第一；而自 20 世纪 80 年代中期以后，制成品出口占比就超过了 50%，成为中国出口增长的主要来源，2012 年制成品比重达到 95.03%；从制成品出口内部结构来看，五大类产品中技术含量最高的机械及运输设备产品无论从出口金额还是出口占比，增长态势都非常明显；机电产品出口占制成品出口比例已经达到 2012 年的 60.54%，成为我国第一大类出口产品，而从高技术制成品出口来看，其占中国制造业出口的比例连年攀升，目前达到 31% 左右，已经超过了低技术制成品的出口份额，成为我国出口最主要的产品类型；此外，即便将制造业部门划分成资本、劳动和技术密集型三大产业，技术密集型产业出口金额和出口占比都有了显著地增长，而且其比重达到 55% 左右，以绝对优势领先于另外两类产业。然而，这一切并不能表明中国制造业在全球价值链中地位得到有效提升。具体测度将在下一章阐述。

第4章　增加值贸易统计下中国制造业价值链地位的测度

20世纪80年代以来，随着经济全球化的不断推进，全球价值链分工这一新的国际贸易分工体系发展迅速，而由此产生的中间品贸易也逐渐成为国际贸易的主要形式。在此情形下，传统的总值贸易统计方法所得到的贸易数据显然难以反映真实的贸易状况，增加值贸易统计方法则相对更为准确，能够更加真实地反映该国参与全球价值链分工的状况及其在全球价值链中的地位。本章主要借助增加值贸易统计方法的两类指标来测度中国制造业价值链地位：一是利用非竞争型投入产出表得出各制造业行业出口国内增值率，进而确定出口国内技术含量，最终得出本土制造业出口国内技术含量来衡量中国制造业价值链地位现状；二是采用库普曼等（2010）价值链地位指数，根据 OECD-WTO 的 TiVA 数据库即 OECD-ICIO2018，区分加工贸易和一般贸易，分别测算中国制造业参与全球价值链的程度和在全球价值链中所处的位置，在比较测算的结果和准确性之后，指出了中国制造业价值链地位提升的必要性。

4.1　中国本土制造业出口国内技术含量

4.1.1　测算方法及指标

依照贸易结构反映生产结构的逻辑，通常而言，一国在全球价值链中的地位，必然会反映在其生产和出口产品的技术含量水平上。一般来说，发达国家专业化于生产价值链中的研发设计和关键零部件生产等技术含量较高的高端环节，而发展中国家则集中于原材料供应、组装加工和简单零部件生产等技术含量较低的中低端环节和工序。本部分主要以改进的出口技术复杂度指标为基础，剔除加工贸易进口中间投入和外资成分，计算出中国本土制造业出口国内技术含量来测度中国本土制造业价值链地位。

要测算出口国内技术含量，必须先计算出口技术含量。出口技术含量可以从国家（或地区）层面、产业层面以及产品层面进行定义和理解，出口国内技术含量同样有这三个层面的含义。本研究主要侧重于行业角度分析，测算研究 2003 ~ 2011 年中国本土制造业及细分行业出口国内技术含量水平。

学者们在关注进出口贸易量变化的同时也在密切关注出口产品结构的变迁。现有文献中出口技术含量的测度，总体上可以归纳为三种方法：贸易品分类法、出口相似指标法和技术附加值法。其中，传统的贸易品分类法是根据产品的要素密集度特征或国际惯用标准对贸易品技术水平进行划分的方法，该方法由于存在诸多缺陷，特别是不适应目前国际垂直专业化分工细化到产品内部的新形势（Hummels，2001；Lall，2002；卢锋，2004；刘志彪等，2006），而且会高估加工贸易大国出口产品的技术水平，多数学者已经用得不多。而就基于出口结构对比的出口相似度指标法（Schott，2006；Wang and Wei，2008）和豪斯曼等（2005）提出的基于 RCA 指数及比较优势理论的出口复杂度指数法相比来看，考虑到后者能保证一些贫穷的小国（或经济体）的出口被赋予足够的权重（Rodrik，2006），因此，本研究采用豪斯曼等（2005）出口技术复杂度指标并进行改进，对中国本土制造业出口国内技术含量进行测度，以此来衡量中国本土制造业的价值链地位，具体测算思路如下：

第一步，以各国出口单个产品的显性比较优势指标 RCA 为权重，计算中国制造业出口产品层面的出口收入指数 PRODY。

$$\text{PRODY}_q = \sum_{j=1}^{z} \text{RCA}_{jq} Y_j \qquad (4.1)$$

$$\text{RCA}_{jq} = \frac{x_{jq} / x_j}{\sum_{j=1}^{z} x_{jq} / \sum_{j=1}^{z} x_j} \qquad (4.2)$$

式中，j 和 q 分别表示不同的国家和不同种类的产品，PRODY_q 表示产品 q 的出口收入指数，RCA_{jq} 是 j 国 q 产品的显示性比较优势指数，Y_j 表示国家 j 的人均国民收入，x_{jq} 表示 j 国 q 产品的出口额，x_j 表示 j 国出口总额，$\sum_{j=1}^{z} x_{jq}$ 表示 q 产品世界出口额，$\sum_{j=1}^{z} x_j$ 表示世界出口总额。

第二步，将产品层面的 PRODY 加权求和，得到 15 个细分制造业[①] 层面的出口技术含量 TC，所用权重为中国每种产品出口额占所属行业出口总额的比例。

$$TC_{ji} = \sum_{q \in I_i} \left(\frac{x_{jq}}{\sum_{q \in I_i} x_{jq}} \right) \cdot PRODY_q \qquad (4.3)$$

式中，i 表示不同的行业，TC_{ji} 表示 j 国 i 行业的出口技术含量，I_i 表示第 i 个行业包含的产品种类集合。

第三步，借鉴增值贸易统计法，利用非竞争性投入产出表得到的制造行业 i 的出口国内增值率，剔除进口中间投入成分[②]，得出 15 个制造业行业层面出口国内技术含量 DTC。

$$DTC_i = TC_i \times p_{di} \qquad (4.4)$$

式中，DTC_i 和 TC_i 分别表示中国制造行业 i 的出口国内技术含量和出口技术含量，p_{di} 表示制造行业 i 的出口国内增值率。

最后，剔除外资企业出口的部分，得到本土制造业出口国内技术含量 LDTC。囿于数据的可得性，本研究用本土制造业出口交货值占比 p_{li} 来近似替代出口份额占比。

$$LDTC_i = DTC_i \times p_{li} \qquad (4.5)$$

$$p_{li} = \frac{TX_i - FX_i}{TX_i} \qquad (4.6)$$

---

①　我国国民经济行业分类标准（GB/T 4754—2002）将制造业细分为 30 个行业。考虑到数据的可得性和统计口径的连续性，本研究将"工艺品及其他制造业"和"废弃资源和废旧材料回收加工业"剔除，然后对照投入产出表将剩下的 28 个行业进行合并整理，最终得到了以下 15 个细分行业：（1）食品制造业及烟草加工业；（2）纺织业；（3）纺织服装鞋帽皮革羽绒及其制品业；（4）木材加工及家具制造业；（5）造纸印刷及文教用品制造业；（6）石油加工炼焦及核燃料加工业；（7）化学工业；（8）非金属矿物制品业；（9）金属冶炼及压延加工业；（10）金属制品业；（11）通用专用设备制造业；（12）交通运输设备制造业；（13）电气机械及器材制造业；（14）通信设备计算机及其他电子设备制造业；（15）仪器仪表及文化办公用机械制造业。

②　与传统的以出口贸易垂直专业化指数确定进口比例相比，该方法借鉴了最新的增值贸易统计法而更为准确，这也是本研究的创新之一。

式中，$LDTC_i$ 表示中国本土制造行业 i 的出口国内技术含量，p_{li} 为制造行业 i 中本土企业出口份额占比，TX_i 为制造行业 i 的出口交货值，LX_i 和 FX_i 分别表示制造行业 i 中本土企业和外资企业出口交货值。

4.1.2　资料来源及产业选择

本部分计算要求使用的数据主要包括世界各国各产品的出口贸易数据、世界各国的人均国民收入数据以及投入产出数据。

所有出口贸易数据均来自联合国 COMTRADE 数据库。考虑到数据的可得性，本章选取了 2003～2013 年各年度出口额之和世界排名靠前的 38 个国家和地区[①]，样本期内这 38 个国家和地区年度出口额之和世界占比均值高达 87.78%，因此具有充分的代表性。为使数据更具有可比性，出口数据均转换为 HS2002 版本，细化至 HS6 位代码，该分类每年包含的产品种类数均在 5000 个以上，制造业产品种类数均在 4000 个以上。出口交货值数据来自各年度《中国工业经济统计年鉴》，其中 2004 年数据来自《中国经济普查年鉴》。人均国民收入采用世界银行公布的人均 GNI 指标，并以 2005 年不变国际元[②]为基准进行了调整，数据来自世界银行的 WDI 数据库。

此外，在计算 DTC 时需要剔除进口中间投入，本研究首次利用出口国内增值率将进口中间投入剔除，其中计算出口国内增值率时借鉴李昕、徐滇庆和王岚的做法，使用的投入产出数据分别来自中国国家统计局 2002 年、2007 年和 2012 年中国投入产出表、经济合作与发展组织（OECD）和欧盟（EU）的国际投入产出数据库。

---

① 本来是选择前 50 位的国家和地区，但是由于一些国家样本区间内或者缺乏个别年份出口贸易数据，或者人均 GNI 数据指标不全，后面的国家无论从绝对量还是相对量来看都比较小，所以最终确定了 38 个国家和地区。这 38 个国家和地区分别是：爱尔兰、澳大利亚、奥地利、巴西、比利时、丹麦、德国、俄罗斯、法国、菲律宾、芬兰、哈萨克斯坦、韩国、荷兰、加拿大、罗马尼亚、马来西亚、美国、墨西哥、南非、挪威、葡萄牙、日本、瑞典、瑞士、泰国、土耳其、乌克兰、西班牙、新加坡、以色列、意大利、印度尼西亚、英国、越南、智利、中国香港和中国。

② 国际元，又名 Geary – Khamis Dollar，是多边购买力平价比较中将不同国家货币转换为统一货币的方法。国际元更大意义上是一种平衡各国货币在贸易中出现的货币价值差值的工具，是一种独立于主权国货币的虚拟交易货币，目前在国际宏观经济的比较研究中应用比较广泛。

4.1.3　测算结果及解释

图 4 - 1 给出了 2003 ~ 2013 年中国 15 个本土制造行业出口国内技术含量变化情况。在 15 个本土制造行业中，"7 化学工业"呈现明显上升趋势；"5 造纸印刷及文教用品业"于 2003 ~ 2011 年变化不大，甚至有微弱下降走势，但 2012 年突然急剧上升，2013 年出现极小幅度的回落；"6 石油炼焦及核燃料加工业""2 纺织业"走势相对平稳；除此之外，其余 11 个制造行业出口国内技术含量在样本期内虽有多次小的波动，但是总体呈小幅上升趋势。

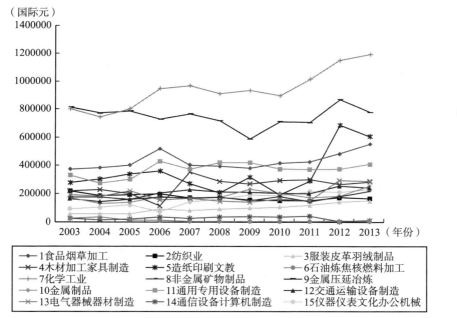

图 4 - 1　2003 ~ 2013 年中国 15 个本土制造行业出口国内技术含量
资料来源：笔者自行计算绘制得出。

从技术含量比较来看，15 个本土制造业行业中，出口国内技术含量最高的是"7 化学工业""9 金属压延冶炼工业""1 食品制造及烟草加工业"和"11 通用专用设备制造业"，技术含量最低的是"6 石油加工炼焦及核燃料加工业""14 通信设备及计算机制造业"

"3 纺织服装皮革羽绒及其制品业"和"7 仪器仪表及文化办公用机械制造业"。

图 4 - 2 显示了 2003 ~ 2013 年各年度中国制造业 TC、DTC 和 LDTC 行业均值变化走势。如图 4 - 2 所示，三者总体变化趋势基本一致，均呈现微弱的上升趋势；有两次高峰值，第一次出现在 2007 年，此后由于金融危机的影响，直到 2010 年总体出口技术含量和国内出口技术含量一直趋于下降，而本土制造业出口国内技术含量在 2007 年开始下降，到 2009 年开始有一定幅度的上升，2010 年则小幅回落，期间有波动，但并未超越 2007 年的高点；从 2011 年开始，三者都开始回升，2012 年上升幅度相对较大，2013 年继续上升，出现第二次高峰值。

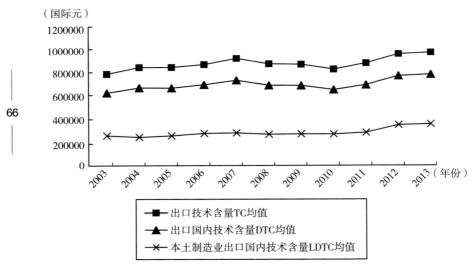

图 4 - 2　2003 ~ 2013 年各年度制造业 TC、DTC 和 LDTC 均值变化

资料来源：笔者自行计算绘制得出。

具体分析走势图可见，LDTC 与 DTC 和 TC 出现了三次背离，第一次是出现在 2004 年，TC 和 DTC 相比 2003 年有所上升，但是 LDTC 却呈下降趋势，这说明中国制造业出口总体技术含量和国内技术含量的提升主要是由于外资制造企业出口技术含量提升导致，本土制造业出口国内技术含量是下降的，而且显然外资企业出口技术含量的提升超过了本土制造企业出口技术含量的下降，从而体现为总体和国内技术含量的提升；紧接着第二次背离是出现在 2005 年，与 2004 年相比，TC 和 DTC 小幅下降，而 LDTC 则小幅上升，第三次背离出现在 2009 年，TC 和 DTC 小幅下降，LDTC 却小幅上升，这说明本土制造业出口国内技术含量的提升幅度小于外资制造企业出口国内技术含量下降的幅度，其余 12 个年份 LDTC 和 TC 以及 DTC 的走势方向是相同的，只不过上升或下降的幅度大小不同而已。

由此可见，计算得出本土制造业出口国内技术含量，才能真实有效地反映我国制造业价值链地位。

总结一下，2003 ~ 2013 年各年度中国 15 个本土制造业中，化学工业价值链地位的上升趋势明显；石油炼焦及核燃料加工业和纺织业走势相对平稳；造纸印刷及文教用品业 2003 ~ 2011 年变化不大，甚至有微弱下降走势，但 2012 年突然急剧上升，2013 年出现极小幅度的回落；除此之外，其余 11 个行业在 2003 ~ 2013 年各年度价值链地位虽有多次小的波动，但是总体呈小幅上升趋势。

4.2　中国制造业 GVC 地位指数

4.2.1　测算方法及指标

如前所述，本书将使用库普曼等（2010）提出的 KPWW 指标即 GVC 参与程度和 GVC 地位两个指标，来测算中国制造业的价值链参与程度和价值链地位。

为了真实反映各国各产业在国际贸易中获得的实际利益，KPWW 方法按照增加值分解的思路，完整地得到一国出口产品的价值在世界各国各产业的分配向量，其总出口中增加值的归属满足式（4.7）：

$$VBE = \begin{bmatrix} V_r B_{rr} \hat{E}_r & V_r B_{rs} \hat{E}_s & V_r B_{rt} \hat{E}_t \\ V_s B_{sr} \hat{E}_r & V_s B_{ss} \hat{E}_s & V_s B_{st} \hat{E}_t \\ V_t B_{tr} \hat{E}_r & V_t B_{ts} \hat{E}_s & V_t B_{tt} \hat{E}_t \end{bmatrix} \qquad (4.7)$$

以 s 国为例，总出口的本国增加值 DV_s 与国外增加值 FV_s 如式（4.8）所示：

$$DV_s = V_s B_{ss} \hat{E}_s; \quad FV_s = V_r B_{rs} \hat{E}_s + V_t B_{ts} \hat{E}_s = \sum_{i \neq s} V_i B_{is} \hat{E}_s \quad (4.8)$$

基于上一小节得到总出口增加值分解成分，可以构建 KPWW 指标。GVC 参与程度指标被定义为间接增加值和国外增加值占以增加值衡量的总出口的比重，GVC 地位的指标是指一国某产业出口中包含的间接增加值和国外增加值的差距，具体计算公式如下：

$$GVC\_Participation_{ir} = \frac{IV_{ir}}{E_{ir}} + \frac{FV_{ir}}{E_{ir}} \quad (4.9)$$

$$GVC\_Position_{ir} = \ln\left(1 + \frac{IV_{ir}}{E_{ir}}\right) - \ln\left(1 + \frac{FV_{ir}}{E_{ir}}\right) \quad (4.10)$$

其中，$GVC\_Participation_{ir}$ 和 $GVC\_Positon_{ir}$ 分别表示 r 国 i 产业的 GVC 参与程度指数和 GVC 地位指数，IV_{ir} 是 i 国 r 产业中出口中的间接增加值出口，FV_{ir} 为 i 国 r 产业中国外增加值部分，E_{ir} 为 i 国 r 产业以增加值衡量的总出口，ln 表示取对数。

4.2.2　资料来源及产业选择

本节需要测算 GVC 参与度指数和 GVC 地位指数及 TiVA 数据库，根据上面所列公式，计算所需要的数据主要来源于 OECD - ICIO2018，该数据库包括对全球贸易影响较大的 64 个国家和地区的国际贸易数据，时间跨度为 2005 ~ 2015 年，按照前面提出的方法，对世界主要的 64 个国家和地区的出口贸易进行了分解，测算了中国制造业总体和各细分行业的 GVC 参与度和 GVC 地位。

4.2.3　测算结果及解释

1. 国家层面

如图 4 - 3 所示，2005 ~ 2015 年中国 GVC 参与程度呈现小幅下降走势，从 2005 年的 0.4650 下降至 2008 年的 0.4465，接着锐降至 2009 年的 0.3976，之后虽然小幅回升，但最高只到 2011 年的 0.4264，然后一路下降至 2015 年的最低点 0.3890；与其余 63 国（地区）均值比较，2005 ~ 2007 年，中国 GVC 参与度高于 63 国（地区）均值，但差距在缩小，从 2008 年开始低于 63 国（地区）均值，而且差距有明显扩大的趋势，究其原因，应该主要是受 2007 年的次贷危机引发的金融危机直至演变为蔓延全球的经济危机影响，以及金融危机后各国产业政策和贸易政策调整所致。

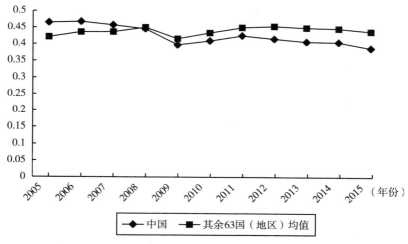

图 4 - 3　2005 ~ 2015 年中国 GVC 参与程度

资料来源：根据 OECD - WTO 数据库计算结果绘制。

图 4 - 4 给出的是 2005 ~ 2015 年中国制造业 GVC 参与程度。如图 4 - 4 所示，样本期内中国制造业 GVC 参与程度呈现显著下降走势，具体来看，2005 ~ 2007 年，小幅下降，从 2005 年的历史最高位 0.6373 下降至 2008 年的 0.6118，接着锐降至 2009 年的 0.5591，此后虽然有回升，但也只是到 2011 年的 0.5955，接着是再一轮下降，直至 2015 年的最低位 0.5464；与其余 63 国（地区）均值进行比较，2007 年之前中国制造业 GVC 参与程度大幅度高于其余 63 国（地区）均值，但是一路收窄，到 2008 年开始被反超，2009 年之后与其余 63 国（地区）差距越来越大，具体原因应该与上面对于图 4 - 3 的分析类似，不过制造业的反应更为明显，波动更大，毕竟，相比其他经济部门，制造业更为敏感一些。

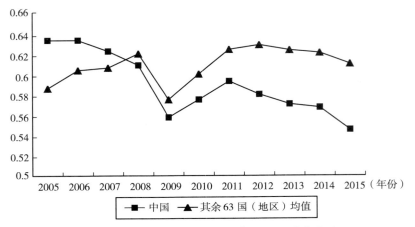

图 4 – 4　2005 ~ 2015 年中国制造业 GVC 参与程度

资料来源：根据 OECD – WTO 数据库计算结果绘制。

　　图 4 – 5 和图 4 – 6 分别给出了中国 GVC 地位和中国制造业 GVC 地位变化情况，总体变化轨迹基本类似，也体现出制造业在我国国民经济部门中重要的地位和作用，制造业的变化总体上能够反映总体全球价值链分工的变化。2005 ~ 2015 年，中国制造业地位指数最高点出现在2015 年的 0. 1343，次高点为 2009 年的 0. 1172，最低点则是 2011 年的0. 0908，总体来看均为正值，在 0. 09 ~ 0. 14 之间波动，特别是 2011 年之后上升趋势非常明显。

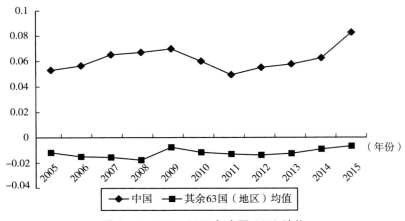

图 4 – 5　2005 ~ 2015 年中国 GVC 地位

资料来源：根据 OECD – WTO 数据库计算结果绘制。

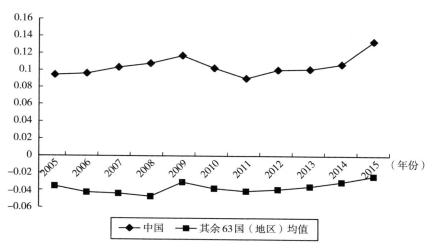

图 4 - 6　2005 ~ 2015 年中国制造业 GVC 地位

资料来源：根据 OECD - WTO 数据库计算结果绘制。

图 4 - 7 将中国制造业 GVC 参与度和 GVC 地位进行了对比。如图 4 - 7 所示，中国制造业 GVC 参与程度相对较高，波动范围在 0.55 和 0.64 之间，而中国制造业 GVC 地位则在低位，具体是在 0.09 ~ 0.14 波动，充分说明了中国制造业在全球价值链中参与度高，但地位相对低下

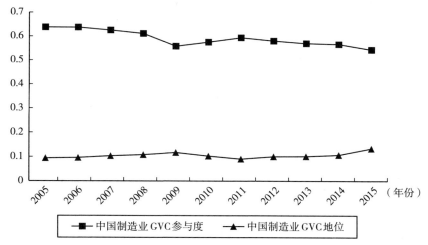

图 4 - 7　2005 ~ 2015 年中国制造业 GVC 参与度和 GVC 地位对比

资料来源：根据 OECD - WTO 数据库计算结果绘制。

的特点；而且从变化趋势来看，两者的升降出现明显的背离，说明中国制造业参与 GVC 分工的程度在趋于上升，但是同期中国制造业的 GVC 地位不仅没有呈现相同的上升趋势，反而在趋于下降，反过来，当中国制造业 GVC 参与度下降时，其 GVC 地位反而出现上升。究其原因，应该与中国当时对外贸易的特点和早期参与全球价值链分工的方式有关。

图 4 - 8 和图 4 - 9 可以在一定程度上验证这个猜想，改革开放以来至 21 世纪初期，在中国的对外贸易中加工贸易所占比重非常突出，而中国融入全球价值链分工也主要是凭借"两头在外，大进大出"的加工贸易，"为他人作嫁衣裳"，自己赚取的只是加工费这种"辛苦钱"。

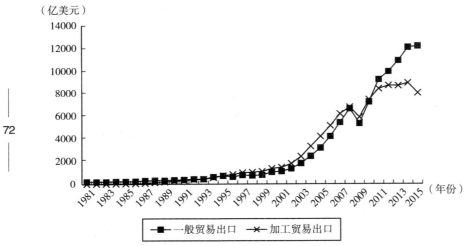

图 4 - 8　1981 ~ 2015 年中国一般贸易出口和加工贸易出口额

资料来源：《中国贸易外经统计年鉴》。

2001 年成功"入世"以后，中国参与全球价值链的程度进一步提高，主要是加工贸易规模增加所导致的，如图 4 - 8 所示，2001 年开始加工贸易出口额迅速增长，且明显高于一般贸易出口额，即便是 2009 年由于金融危机的影响，加工贸易出口额也高于一般贸易出口，直到 2011 年开始才被一般贸易出口反超。由图 4 - 9 可以看出，从 20 世纪 80 年代初开始，中国加工贸易出口占比不断上升，1998 年之后开始下降，2005 年开始出现显著的下降趋势，正好与上面提到的中国 GVC 地位指数上升的时间相吻合，但此时加工贸易出口占比仍然高达

54.66%，到 2008 年下降至 47.19%，这是首次低于 50%，此后中国的加工贸易占比在 2009 年达到了又一个小峰值，之后有所下降，但直至 2015 年，仍然在 30% 以上。这说明中国的 GVC 参与指数和 GVC 地位指数出现的背离确实与中国以加工贸易嵌入全球价值链的方式有关系。

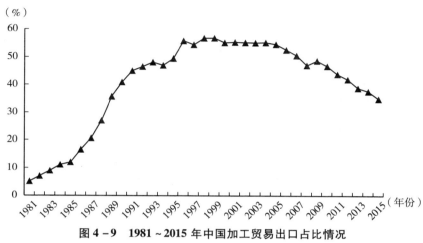

图 4 - 9　1981 ~ 2015 年中国加工贸易出口占比情况

资料来源：《中国贸易外经统计年鉴》。

图 4 - 10 区分了一般贸易和加工贸易，给出了 2005 ~ 2015 年中国制造业一般贸易和加工贸易 GVC 参与度和 GVC 地位的对比，分析该图，可以得到以下几点认识：

第一，无论加工贸易还是一般贸易，均呈现全球价值链"参与度高，地位低"的特点。如图 4 - 10 所示，2005 ~ 2015 年，加工贸易全球价值链参与程度指数均在 0.75 以上，但价值链地位指数均在 0.2 ~ 0.3 之间；一般贸易全球价值链参与度指数基本在 0.3 ~ 0.4，但是价值链地位指数始终为负，最低值为 2011 年的 - 0.9333，最高值是 2015 年的 - 0.3635，显然，不管加工贸易还是一般贸易，在全球价值链中参与程度高，但是主要从事的是价值链中附加值较低的中低端环节，所以价值链地位较低。

第二，从 GVC 参与程度看，中国制造业加工贸易 GVC 参与度明显高于一般贸易，这是符合已有的认识的，一直以来我国加工贸易的典型特点是"大进大出、两头在外"，大量从国外进口，经过各种形式的加

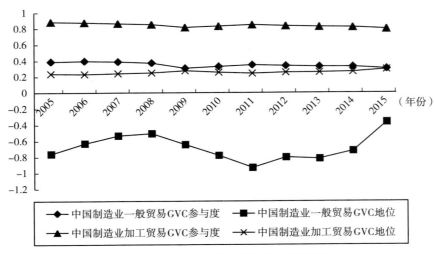

图 4 - 10 2005 ~ 2015 年中国制造业一般贸易和加工
贸易 GVC 参与度和 GVC 地位

资料来源：笔者自行计算绘制，基本数据来自 OECD—WTO 的 TiVA 数据库及 OECD - ICIO2018 和 RIGVC UIBE 数据库。

工后，又大量地出口，深度参与了全球价值链分工，因此，相比一般贸易，加工贸易全球价值链参与程度要更高。另外，两者总体变化趋势非常接近，两者之间的差距一直维持在 0.4 左右，同升同降，从 2005 ~ 2009 年，稳中有降，特别是在金融危机的影响下，2009 年明显下降，而且一般贸易下降幅度高于加工贸易，此后开始上升至 2011 年，然后小幅下降。

第三，从 GVC 地位指数来看，中国制造业加工贸易 GVC 地位也明显高于一般贸易，前者均为正值，而且变化趋势相对不大，稳中有升，但幅度很小，后者均为负值，而且变化幅度大，有点大起大落，从 2005 年的 - 0.7610 升至 2008 年的 - 0.5053，然后一路急速下降，至 2011 年降至样本期内历史最低点 - 0.9333，此后虽然又开始回升，但幅度不大，从 2014 年开始突然上升，到 2015 年达到历史最高点 - 0.3635，这说明中国制造业一般贸易在全球价值链中的地位虽然很低，但是上升趋势明显，是否能够持续上升，有待后续验证。这与林桂军和何武（2015）关于我国装备制造业的研究结论是一致的，2005 年之后加工贸易价值链地位高于一般贸易。

第四，也是很有趣的一个现象，加工贸易价值链参与度和价值链地位变化趋势正好相反，例如 2005～2009 年，加工贸易价值链参与度稳中有降，但是加工贸易价值链地位在上升，2009～2011 年，加工贸易参与度小幅上升，但价值链地位小幅下降，2011～2015 年，加工贸易参与度又开始小幅下降，但价值链地位则在小幅上升。

2. 行业层面

鉴于本书重点关注的是制造业，接下来将对制造业进行细分，如前所述，按照 OECD – WTO 的产业分类，可以将制造业细分为以下 16 个行业，如表 4 – 1 所示。

表 4 – 1　　　OECD—WTO TiVA 数据库及 OECD – ICIO2018
中制造业代码

编号	代码	名称
01	10T12	食品、饮料和烟草的制造业
02	13T15	纺织品、服装、皮革及相关制品的制造业
03	16	木材、木制品和软木制品的制造业
04	17T18	纸制品和印刷制造业
05	19	炼焦及精炼石油产品制造业
06	20T21	化学品和医药制品的制造业
07	22	橡胶和塑料制品的制造业
08	23	其他非金属矿产品制造业
09	24	基本金属制造业
10	25	金属制品制造业
11	26	计算机、电子和光学设备制造业
12	27	电气设备制造业
13	28	未分类的机械设备的制造业
14	29	汽车、拖车和半挂车的制造业
15	30	其他运输设备的制造业
16	31T33	其他制造业和机械设备的维修与安装业

资料来源：笔者根据 OECD – WTO TiVA 数据库及 OECD – ICIO2018 资料整理得出。

图 4 - 11 给出的是 2005 ~ 2015 年中国 16 个制造业一般贸易 GVC 参与程度。从图 4 - 11 中可以看出，2005 ~ 2015 年 16 个制造业细分行业一般贸易 GVC 参与指数变化基本呈现"倒 W"型趋势，只是程度大小有区别，拐点主要出现在 2009 年，原因应该主要是金融危机的影响，一般贸易所受影响稍有滞后，但是影响的程度也有明显差异，影响最大的是基本金属制造业、炼焦和精炼石油产品制造业、橡胶和塑料制品制造业、化学品和医药制品制造业、汽车拖车和半挂车制造业、木材木制

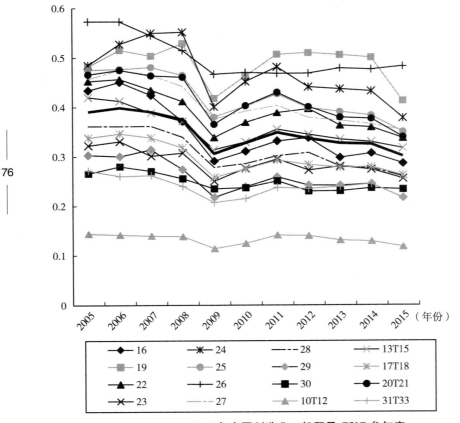

图 4 - 11　2005 ~ 2015 年中国制造业一般贸易 GVC 参与度

资料来源：笔者自行计算绘制，基本数据来自 OECD—WTO 的 TIVA 数据库及 OECD - ICIO2018 和 RIGVC UIBE 数据库。

品和软木产品制造业、金属制品制造业，等等。这些行业虽然从事一般
贸易，但所用原材料和中间投入品对进口依赖严重，所以受外部冲击较
为显著，而食品饮料和烟草制造业、其他制造业和机械设备的安装与维
修业、其他运输设备制造业等受金融危机影响不太大，主要是由行业特
点和产业政策决定的；从各行业参与程度来看，除了食品饮料和烟草制
造业参与程度较低，基本维持在 0.11 ~ 0.15 之间，其他 15 个行业都在
0.2 以上，参与程度最高的三个制造行业分别是计算机电子和光学设备
制造业、基本金属制造业以及炼焦和精炼石油产品制造业，这三个行业
一般贸易 GVC 参与度指数除了 2009 年之外，都在 0.48 以上。

图 4 - 12 给出的是 2005 ~ 2015 年中国制造业 16 个细分一般贸易行

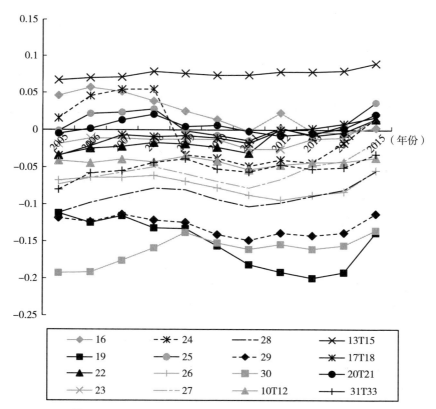

图 4 - 12　2005 ~ 2015 年中国一般贸易制造业 GVC 地位

　　资料来源：笔者自行计算绘制，基本数据来自 OECD—WTO 的 TiVA 数据库及 OECD -
ICIO2018 和 RIGVC UIBE 数据库。

业 GVC 地位。如图 4 – 12 所示，在 16 个制造业行业中，纺织品服装反革及相关制品制造业一般贸易 GVC 地位最高，各年度均在 0.06 以上，木材木制品和软木制造业、化学和医药制品制造业、金属制品制造业多数年份为正值，基本金属制造业由正转负，拐点出现在 2009 年，显然也是金融危机的影响所致，后来稳中有升，2015 年再次转为正值，炼焦和精炼石油产品制造业变化趋势也相对比较明显，从 2005 年开始小幅下降，2009 年以后一路大幅度下降，到 2013 年才开始回升，2015 年升幅特别明显，但是无论如何，总体来看，中国制造业 16 个细分行业一般贸易 GVC 地位从 2014 ~ 2015 年均出现了显著提升。

图 4 – 13 给出的是 2005 ~ 2015 年中国 16 个制造业加工贸易 GVC 参与程度。从图 4 – 13 中可以看出，2005 ~ 2015 年 16 个制造业细分行业

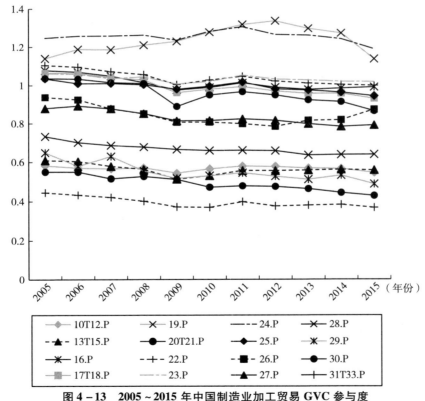

图 4 – 13　2005 ~ 2015 年中国制造业加工贸易 GVC 参与度

资料来源：笔者自行计算绘制，基本数据来自 OECD—WTO 的 TiVA 数据库及 OECD – ICIO2018 和 RIGVC UIBE 数据库。

加工贸易 GVC 参与程度总体变化不大，除了计算机电子和光学设备制造业外，其余 15 个行业均有微弱的下降趋势；从具体数值看，参与程度最高的是基本金属制造业和炼焦精炼石油产品制造业，均在 1.13 以上，这两个产业的高参与度是符合我们的预期的，毕竟这两个行业加工贸易严重依赖进口；参与程度最低的是其他制造业和机械设备的安装与维修业，这也是与其行业特点相联系的。

图 4 - 14 给出的是 2005 ~ 2015 年中国 16 个制造业加工贸易 GVC 地位变化走势。从图 4 - 14 中可以看出，2005 ~ 2015 年 16 个制造业细分行业加工贸易 GVC 地位总体变化不大，基本都是稳中有升，除了其他运输设备制造业 2005 年和 2006 年两个年份，以及其他制造业和机械设

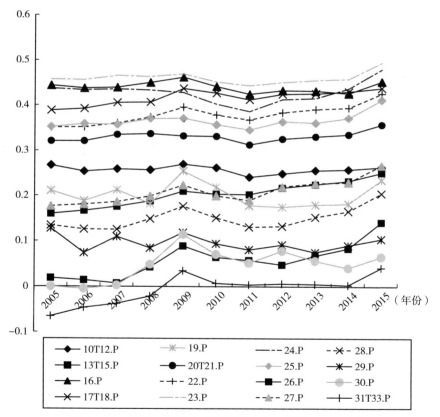

图 4 - 14   2005 ~ 2015 年中国制造业加工贸易 GVC 地位

资料来源：笔者自行计算绘制，基本数据来自 OECD—WTO 的 TiVA 数据库及 OECD - ICIO2018 和 RIGVC UIBE 数据库。

备的安装与维修业 2005～2008 年 4 个年份的数据为负值之外，其余行业所有年份数据均为正值，其中地位最高的是其他非金属矿产品制造业和木材木制品和软木制品制造业，各年数据均在 0.43 以上，地位最低的是其他制造业机械设备的安装与维修业，这也是由于其行业特点所致的。

3. 区分行业技术特征

考虑到不同行业的技术特征，将 16 个制造业行业进行分类，具体可以分为低技术、中低技术、中高技术和高技术四种类型制造业。其中，低技术型制造业主要有食品饮料和烟草制造业、纺织品服装皮革及相关制品制造业、木材木制品和软木制品制造业、纸制品和印刷业；中低技术型制造业主要包括炼焦和精炼石油制品制造业、橡胶和塑料制品制造业、非金属矿产品制造业、金属制品制造业和基本金属制造业；中高技术型制造业主要包括化学品和医药制品制造业、未列入的机械设备制造业、汽车拖车和半挂车制造业、其他运输设备制造业、其他制造业和机械设备的安装与维修业；高技术型制造业主要包括计算机电子和光学设备制造业、电气设备制造业。

图 4 - 15 给出了 2005～2015 年中国不同技术类型制造业一般贸易 GVC 参与度变化情况。如图 4 - 15 所示，四种类型制造业一般贸易下 GVC 参与度均呈现下降趋势，中间可能受到金融危机的影响，2009 年四类制造业参与度全部急速下降，特别是中低技术制造业降幅是最大的，接着持续回升至 2011 年，然后又开始新一轮下降走势，虽然幅度不大，但是比较明显；对比一下这四种类型的制造业，其中参与程度最高的是高技术制造业，其次中低技术制造业，接着是中高技术制造业，最后是低技术制造业，这也比较符合我们对于从事一般贸易的各类制造业的预期。

图 4 - 16 给出的是 2005～2015 年中国不同技术类型制造业一般贸易 GVC 地位变化情况。从事一般贸易的四种类型制造业在全球价值链中地位的变化均呈现"先升后降再升"的态势，其中尤以中低技术制造业和高技术制造业的变化幅度最大，相比较而言，低技术制造业从事一般贸易在 GVC 中地位最高，各年份均为正值，变化趋势相对不大，中低技术制造业除了 2007 年、2008 年和 2015 年 3 个年份是正值，其余八个年份均为负值，至于高技术制造业和中高技术制造业则分别位居第三位和第四位。

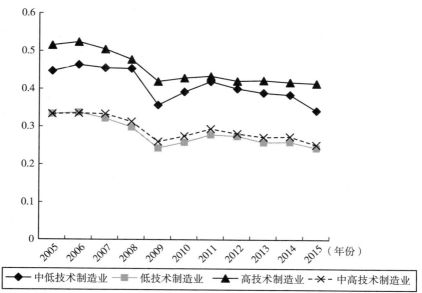

图 4 - 15　2005～2015 年中国不同技术类型制造业一般贸易 GVC 参与度

资料来源：笔者自行计算绘制，基本数据来自 OECD—WTO 的 TiVA 数据库及 OECD - ICIO2018 和 RIGVC UIBE 数据库。

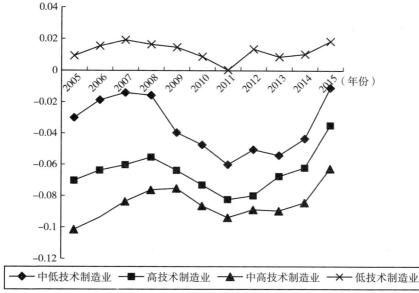

图 4 - 16　2005～2015 年中国不同技术类型制造业一般贸易 GVC 地位

资料来源：笔者自行计算绘制，基本数据来自 OECD—WTO 的 TiVA 数据库及 OECD - ICIO2018 和 RIGVC UIBE 数据库。

　　将图 4 – 15 和图 4 – 16 进行比较，我们发现四种类型一般贸易制造业在 GVC 中的表现具有以下特点：低技术制造业参与度低但地位最高，中低技术制造业参与度较高同时地位也较高，中高技术制造业参与度很低地位也很低，至于高技术制造业参与度最高但地位较低。

　　图 4 – 17 和图 4 – 18 分别给出的是 2005 ~ 2015 年中国不同技术类型加工贸易制造业 GVC 参与程度和 GVC 地位的变化趋势。从图 4 – 17 可以看出，从事加工贸易的低技术型制造业和中高技术型制造业参与度有小幅下降趋势，中低技术型制造业相对比较平稳，但 2011 年之后下降趋势比较显著，至于高技术型制造业则经历了先下降然后趋于平稳最后小幅上升的趋势；相比较而言，中低技术型繁杂而参与度最高，其次是高技术型制造业，然后是低技术型制造业，最后是中高技术型制造业。图 4 – 18 中从事加工贸易的不同类型制造行业基本经历了 "升 – 降 – 升" 的过程，中低技术型制造业地位最高，其次是低技术型制造业，高

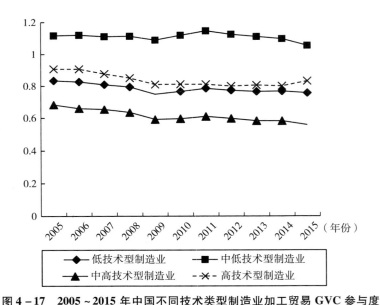

图 4 – 17　2005 ~ 2015 年中国不同技术类型制造业加工贸易 GVC 参与度

资料来源：笔者自行计算绘制，基本数据来自 OECD—WTO 的 TiVA 数据库及 OECD – ICIO2018 和 RIGVC UIBE 数据库。

技术型制造业和中高技术型制造业则都相对较低。总结一下：从事加工贸易的四类制造行业中，低技术型制造业参与度相对低，GVC 地位还较高；中低技术型制造业 GVC 参与度很高，地位也很高；中高技术型制造业参与程度低，地位也低；至于高技术型制造业参与程度较高，但地位很低，主要还是在加工贸易中主要从事加工组装等下游低端环节所致。

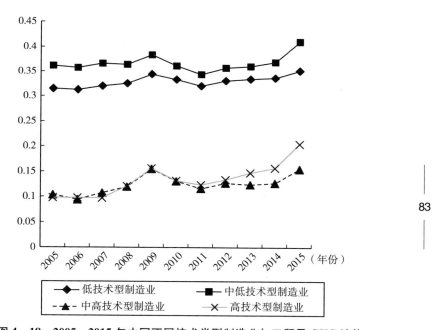

图 4 - 18　2005 ~ 2015 年中国不同技术类型制造业加工贸易 GVC 地位

资料来源：笔者自行计算绘制，基本数据来自 OECD—WTO 的 TiVA 数据库及 OECD - ICIO2018 和 RIGVC UIBE 数据库。

4.3　中国制造业价值链地位提升的必要性

4.3.1　中国制造业价值链地位低下

改革开放以来，中国利用劳动力丰富的资源优势融入全球价值链，凭借基于低价的成本优势在全球低端制造业和制造业的低端环节上形成了较强的竞争能力，但是在欧美日发达国家牢牢掌控且占据主动的全球价值链中，中国制造业一直只是从事技术含量不高、附加值较低的低端产品制造和生产的低端环节，"为他人作嫁衣"，不仅利润极其微薄，而且长期从事低附加值环节这种状况持续多年都没有改变，这在一定程度上意味着中国制造业在全球价值链中已经被"俘获"或"低端锁定"。那么，现有条件下中国制造业怎样有所突破，如何才能顺利实现向全球价值链高端环节的攀升，这是学术界和业界一直在探讨和争论的问题。

中国制造业在全球价值链中被"低端锁定"的不利影响主要有以下三个方面：（1）所获利润极其微薄。中国制造业以"大进大出""两头在外"的加工贸易参与全球价值链分工，长期专注于低端环节，而低端环节往往都是技术含量不高、附加值较低的环节，所以获取的利润自然极其低下。（2）地理弹性高，面临的竞争激烈，容易被取代。中国作为一个典型的发展中国家，具有跟世界上其他大多数发展中国家相似的要素禀赋特征，比较优势不突出，再加上低附加值环节上地理弹性比较高，因此在全球价值链中中国还面临来自其他发展中国家激烈的竞争，很容易被取代。（3）非常被动，风险大而且易受制约。由于"两头在外"，对国际市场依赖性强，任何"风吹草动"，都会直接影响到中国加工制造业，这样就比较被动，风险大而且容易受到制约。

因此，中国制造业必须要想办法突破在全球价值链中被"低端锁定"的困境，这样不仅可以提高所得利润，避免低端重复的竞争压力，而且还可以降低风险，减少对国际市场的依赖，变被动为主动，争取自身的话语权。

4.3.2　中国制造业面临的内部压力

劳动力成本上升，环境成本提高，中国制造业在全球价值链分工中竞争优势赖以存在的低廉劳动力成本和环境成本的优势正在逐渐消失。对于中国制造业来说，如果"人口红利"趋于消失，劳动力成本必然会上升，多年来外贸持续高速发展的重要基础将不复从前。

从环境成本来看，我国制造业资源和能源消耗大，环境成本很高，随着大量"中国制造"的产品走出国门走向世界，实际上是我国在为国外的消费者承担这些环境成本，这是多年的累积所致。

4.3.3　中国制造业面临的外部压力

国际金融危机以来，美国等发达国家的"再工业化"吸引了大量的高端制造业回流。发达国家跨国公司部分产业从中国撤离，同时"再工业化"使得制造业回流，跨国公司主导的部分劳动密集型产业正逐步从中国撤离，一方面回流到发达国家；另一方面是在向越南、泰国等劳动力成本更低的国家进行转移。这些国家与中国的要素禀赋状况比较接近，但是劳动力成本更低，在承接发达国家制造业转移方面与中国形成了激烈的竞争，这使得我国制造业特别是高质量制造业面临双面夹击。

因此，从整体来看，中国制造业目前面临"内忧外患"的双重压力，如果还单纯依附于跨国公司主导的全球价值链，中国根本难以突破"中等收入陷阱"的制约，想要实现价值链升级，向高科技产品等方面转移，有必要构建自身主导的全球价值链，即使是短期内难以在全球范围内构建，但可以在局部范围内比如"一带一路"区域实现。

85

4.4　本 章 小 结

本章主要分析中国制造业价值链地位现状，具体内容分为三部分：中国本土制造业出口国内技术含量，中国制造业 GVC 参与度和 GVC 地位指数和中国制造业价值链地位提升的必要性。

在本章第一部分中，采用改进的豪斯曼等（2005）的出口技术复杂度指标，对中国制造业出口技术含量 TC、中国制造业出口国内技术含量 DTC 以及中国本土制造业出口国内技术含量 LDTC 进行了测度。我们发现这 3 个指数都呈现上升走势，但是幅度不大，而中国本土制造业出口国内技术含量 LDTC 由于剔除了加工贸易和外资成分，相对更能准确地反映中国制造业全球价值链中的真实地位水平。

然而本土制造业出口国内技术含量指标以改进的出口技术复杂度指标为基础，本身存在一定的缺陷，因此，本章第二部分在库普曼等

（2010）的基础上，根据 OECD – WTO 数据库，测算了 2000～2015 年中国制造业参与全球价值链的程度和在全球价值链中所处的位置，从国家层面和行业层面进行了分析。主要结论有以下三点：（1）从国家层面来看，2005～2015 年中国制造业全球价值链参与程度较高，剔除金融危机影响下 2009 年数据急剧下降后连续两年的反弹之后，则呈现大幅度下降趋势；中国制造业价值链地位指数则稳中有升。中国的全球价值链参与程度和地位指数相背离的变化轨迹，背后隐含的深层次原因主要在于中国早期主要以加工贸易的形式来参与全球价值链分工。（2）从行业层面看，区分了一般贸易和加工贸易后发现，一般贸易状态下 16 个制造业除了食品饮料和烟草制造业之外，其余各行业参与度都比较高，但多数行业 GVC 地位比较低；加工贸易制造行业总体 GVC 参与程度比较高，虽然有小幅的下降趋势，但是总体走势基本平稳，GVC 地位也比较稳定，稳中有升，不过幅度不大。（3）为了区分不同行业的技术特征，本章继续将 16 个制造业行业划分为低技术、中低技术、中高技术和高技术四种类型制造业，而且区分了加工贸易和一般贸易，分析后发现一般贸易时四种类型制造业参与程度明显下降，但是 GVC 地位则先升后降再升，波动比较大，总体水平较低，低技术制造业参与度低但地位最高，中低技术制造业参与度较高同时地位也较高，中高技术制造业参与度很低地位也很低，至于高技术制造业参与度最高但地位较低；加工贸易时四种类型制造业 GVC 参与程度虽然保持在高位，但有小幅下降趋势，GVC 地位则稳中有升，低技术型制造业参与度相对低，GVC 地位还较高；中低技术型制造业 GVC 参与度很高，地位也很高；中高技术型制造业参与程度低，地位也低；至于高技术型制造业参与程度较高，但地位很低。

由前两部分的测算可以看出，中国制造业在全球价值链中参与度很高，但是地位低下，无论加工贸易还是一般贸易，均呈现这个特点，再加上近年来面临"内忧外患"的双重压力，显然，中国制造业价值链地位亟待提升。因此，本章第三部分主要指出了中国制造业价值链地位提升的必要性。

第5章 增加值贸易统计下制造业价值链地位影响因素的理论模型

本章主要构建理论模型来解释增加值贸易统计下制造业价值链地位的影响因素及其作用机理。具体来说，采用增加值贸易统计方法，用出口增值率来测度一国制造业真实的价值链地位，并进一步探讨 FDI 技术溢出、资本、劳动和研发等各影响因素的具体作用机理，为下一章的实证研究奠定理论基础。

5.1 增加值贸易和全球价值链分工的基本范式

20 世纪 80 年代以来，随着经济全球化不断深入，一方面，全球范围内关税水平的显著下降，国际贸易和投资环境不断改善，商品和要素在全球范围内加速流动；另一方面，交通运输和信息通信技术的快速发展，产品内跨国生产分工合作成为可能。

全球价值链分工合作具体表现为工业制成品的生产工序越来越细化，生产链条逐渐拉长，各国之间在同一个产品内不同工序、不同环节或者不同区段的分工合作成为常态，中间品贸易在国际贸易中越来越普遍，这种新的形势下，一件产品的价值来源实际上可能涉及很多国家或地区，而并不是完全由最终出口国来创造的。如果沿用传统的总值贸易统计方法，显然会导致"重复计算"，从而夸大产品最终出口国的贸易额和贸易利益，因此，建立以增加值贸易为基础的新的贸易统计规则来弥补现有总值贸易统计的严重不足，是非常必要的和重要的。

增加值贸易和全球价值链分工的基本范式可以用图 5 – 1 加以描述。

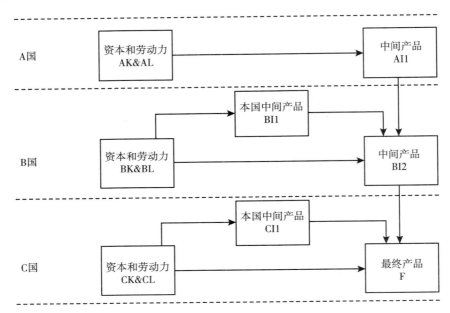

图 5 - 1   全球价值链分工和增加值贸易

资料来源：笔者自行绘制得出。

假设有 A、B 和 C 三个国家，共同来生产同一种最终产品 F，如图 5 - 1 所示，下面从五个方面进行分析。

第一，关于全球产业链、全球产品链或全球供应链的理解。虽然 A、B、C 三国为生产同一种产品服务，但是三个国家在生产中的地位是不同的。如图 5 - 1 所示，产品 F 直接由 C 国生产出来，但是其中需要投入各种中间投入品，比如图 5 - 1 中的 BI2 和 CI1，这些中间投入品可能来自本国的行业和企业（CI1），也有可能来自其他国家的行业和企业（BI2），进一步考虑，这些中间投入品本身的生产过程中也需要投入一些中间投入品，比如 A 国生产的被 B 国用来生产 BI2 的 AI1，以及 B 国为生产 BI2 其本国需要投入的 BI1，这种层级的投入产出关系可以从图 5 - 1 中直观表示出来，即全球产业链、全球产品链或者全球供应链，即可以解释在产品 F 的生产过程中，A、B、C 三个国家之间产生的上下游投入产出关系。

第二，关于全球价值链的理解。无论是最终产品（F），还是各中间投入品（AI1，BI1，BI2，CI1），其生产过程都需要投入基本的要素，此处考虑有资本和劳动力两种要素（AK&AL，BK&BL，CK&CL），于是就产生了增加值，也就是说所有产品包括最终产品（F）和中间投入品（AI1，BI1，BI2，CI1），都包含各种直接或间接的增加值，即形成了全球价值链。而且，A、B、C三个国家在生产过程中的地位不同，所获增加值自然也不相同；最终产品F在C国生产出来，如果直接出口的话，传统总值贸易统计方法下，AI1出口所得记在A国账户上，BI2出口所得记在B国账户上，最终产品F的出口总额直接记在了C国账户上，远远超过C国实际所得，这就是前面讨论的传统总值贸易由于"重复核算"而导致的"统计假象"，显然，这是非常不合理的；改用增加值贸易统计方法才能科学准确地反映各国真实的贸易所得，进而明晰各自在全球价值链中的地位。

第三，关于全球产业链和全球价值链融合的理解。关于前面讨论的最终产品和中间投入品，只考虑了其生产环节，事实上，不管最终产品还是中间投入品，除了生产过程之外，前后还有一些环节和工序，比如研发、设计、技术创新、市场营销、物流、售后服务等，这些环节和工序也可能由多国合作共同来完成，这样就既涉及全球产业链、产品链或供应链，又涉及全球价值链。

第四，关于各国全球价值链参与程度、地位及贸易所得的理解。如图5-1所示，结合前面三个方面的理解，显然，A、B、C三个国家在F产品的全球产业链或全球价值链上参与了分工，但是三个国家参与分工的程度、分工中所处的地位以及获得增加值的多少，都是各不相同的，而且各国各地区在全球产业链或价值链上的国内环节和国际环节也是各不相同的，需要具体问题具体分析，此处不能简单地一概而论。

第五，关于任务贸易和增加值贸易的理解。图5-1中A、B、C三个国家在产品F的价值链上展开了分工，即属于F产品的产品内分工，即可以理解为三个国家为了同一个目标——最终产品F而展开分工合作，在现实生活中是很常见的，往往与跨国公司的全球生产布局联系在一起，即跨国公司可能会通过各种方式将部分生产环节、工序或者零部件放置到不同国家和地区来完成，这就可以解释外包和任务贸易；此外，如第四点所述，三个国家参与价值链和产业链分工的程度、所处的地位以及获得增加值的多少都是不同的，这种情况下必须要具体问题具体分析，不能简单地按照传统的总值贸易统计方法进行直接的加总，必须要考虑各国在产品价值链中真实的贸易利得，即增加值的大小，这就是所谓的增加值贸易统计体系，前面多处都已解释过，在此不再赘述。

5.2 增值贸易统计下制造业价值链地位影响因素的理论模型

本部分主要是构建理论模型来解释增值贸易统计下解释制造业价值链地位的影响因素。借鉴隆等（2005）（以下简称 LRS 模型）以及杨高举和黄先海（2013）并进行了改进，改进主要体现在：与 LRS 模型相比，本研究模型考虑了技术和资本在国家间流动的成本并将之纳入模型分析，而 LRS 模型没有考虑；与杨高举和黄先海（2013）相比，本研究模型采用增加值贸易统计方法，用出口增值率来测度一国制造业真实的价值链地位，并进一步探讨各影响因素的具体作用，而杨高举和黄先海（2013）用增加值率和生产率之和度量一国国际分工地位，主要目的是综合分析各因素影响发展中国家产业国际分工的机理。

构建的具体模型如下：

假设一国生产两种最终产品：农产品 A 和工业品 I，一种中间产品 S，其中 S 为用于 I 生产的总技术服务。

要素投入有两种：劳动力 L 和资本 K。其中劳动力要素 L 可以分为技术劳动力 L_s 和非技术劳动力 L_u，且满足 $L = L_s + L_u$，两种劳动力的工资为 w_s 和 w_u，且有 $w_s = w_u + t$，$t > 0$，即满足技术劳动力的工资要高于非技术劳动力，设 A 和 I 生产所需的非技术劳动力分别为 L_{Au} 和 L_{Iu}，则 $L_u = L_{Au} + L_{Iu}$。

（1）农产品部门。农产品 A 的生产只需要使用非技术劳动力 L_{Au}，其产出由生产的技术水平所决定，即满足

$$A = L_{Au}/T_A$$

其中 L_{Au} 是 A 生产所使用的非技术劳动力的数量，T_A 表示单位 A 产品生产所需的劳动力。

如果以 A 作为计价产品，价格标准化为 1，即满足 $P_A = 1$，则非技术劳动力的价格即其工资为 $w_u = 1/T_A$。

（2）工业品部门。工业品 I 的生产不需要劳动力与技术服务的直接

投入，只是各零部件组合而成。I 的生产流程可划分为 [0, 1] 的连续环节，其中每一个环节都对应一种零部件 τ($\tau \in [0, 1]$)。

如果 P(τ) 为零部件 τ 的价格，则 I 的价格为：

$$P_I = \int_0^1 p(\tau) d\tau$$

零部件的价格即为：

$$p(\tau) = c(\tau) = w_u + r\tau + e(\tau)P_s$$

不失一般性，设 e(τ) = $\omega\tau$，则有

$$p(\tau) = w_u + r\tau + \omega\tau P_s$$

因此，工业品 I 的价格为：

$$P_I = \int_0^1 p(\tau) d\tau = w_u + \frac{r + \omega P_s}{2} \tag{5.1}$$

（3）中间产品部门。中间产品 S 是用于最终产品 I 生产的总技术服务，其生产由 n 个不同的专业化技术服务企业共同提供，其中每个企业分别提供 s_i($i \in [0, 1]$) 单位的专业化技术服务。假定 S 的生产函数为 CES 形式，即满足 $S = (\sum_i^n s_i^\lambda)^{\frac{1}{\lambda}}$，$\lambda \in (0, 1)$。

令 P_i 为专业化技术服务 i 的价格，则总技术服务的价格为：

$$P_s = (\sum_i^n p_i^{\frac{\lambda}{\lambda-1}})^{\frac{\lambda-1}{\lambda}} \tag{5.2}$$

假定每个专业化技术服务企业只生产一种技术服务，其生产只需要投入技术劳动力，那么显然企业 i 生产 s_i 单位的专业化技术服务需要使用 $cs_i + f$ 单位的技术劳动力，其成本可以表示为固定成本 fw_s 和可变成本 $cs_i w_s$ 之和。

于是，根据谢泼德的理论，可由式（5.2）得到对企业 i 的专业化技术服务的条件需求函数：$s_i^d = S\dfrac{\partial P_s}{\partial p_i} = BSp_i^{\frac{1}{\lambda-1}}$，其中 $B \equiv \left(\sum_i^n p_i^{\frac{\lambda}{\lambda-1}}\right)^{-\frac{1}{\lambda}}$。

考虑对称性假设条件下，一方面，$P_i = P$，则有 $P_s = Pn^{\frac{\lambda-1}{\lambda}}$；而对于任意技术服务企业 i 而言，S 和 B 可视为给定值，其需求弹性 $\varepsilon = \dfrac{1}{1-\lambda} > 1$，从而零部件 τ 的成本为 $p(\tau) = w_u + \tau(r + \omega Pn^{\frac{\lambda-1}{\lambda}})$，显然这是一条截距为 w_u、斜率为 $r + \omega Pn^{\frac{\lambda-1}{\lambda}}$ 的直线。由于技术服务企业的边际收益等于边际成本 $MR = P\left(1 - \dfrac{1}{\varepsilon}\right) = MC = cw_s$，所以有 $P = \dfrac{cw_s}{\lambda}$。另一方

面，$S = (ns^\lambda)^{\frac{1}{\lambda}} = n^{\frac{1}{\lambda}}s$。

由于每个技术服务企业对技术劳动力的需求为 $cSn^{-\frac{1}{\lambda}} + f$，所以 I 单位的最终产品生产因零部件投入而对总技术服务 S、技术劳动力、非技术劳动力以及对资本产生的间接需求分别为：

$$S^d = I\int_0^1 e(\tau)d\tau = \frac{I\omega}{2},$$

$$L_s^d = nf + \frac{c\omega I}{2n^{\frac{1-\lambda}{\lambda}}},$$

$$L_{IU}^d = I\int_0^1 d\tau = I,$$

$$K^d = I\int_0^1 \tau d\tau = \frac{I}{2}$$

根据李嘉图的模型，以 A 计价的均衡价格是独立于需求的，则有：

$$P_s = \frac{c(1+tT_A)}{\lambda T_A n^{\frac{1-\lambda}{\lambda}}} \tag{5.3}$$

$$P(\tau) = \frac{1}{T_A} + r\tau + \frac{c(1+tT_A)}{\lambda T_A n^{\frac{1-\lambda}{\lambda}}}\tau \tag{5.4}$$

从而单个技术服务企业的利润为：

$$\pi_i = (P - cw_s)s - fw_s = \left(\frac{1-\lambda}{\lambda}cs - f\right)\frac{(1+tT_A)}{T_A} \tag{5.5}$$

5.2.1　两国模型：有成本的技术贸易和资本流动

全球价值链分工合作中，发展中国家往往处于中低端环节，承接来自发达国家的中间投入品，比如零部件以及资本和技术等，当然现实生活中技术和资本的流动都是有成本的，比如为保护知识产权而需要收取的费用，因此，发展中国家不可能免费获得发达国家的技术和资本。这是 LRS 模型没有具体讨论的，更没有进一步分析技术和资本的流动对发展中国家出口技术结构的影响。

假设世界上两个国家：发达国家 D，发展中国家 G，发展中国家 G 的劳动力总量为 $L^* = L_s^* + L_u^*$，工资为 w_s^* 和 w_u^*，且有 $w_s^* = w_u^* + t = t + \frac{1}{T_A^*}$（所有星号 * 都表示发展中国家，下同）。

D 国在农产品 A 的生产方面有绝对优势，$T_A < T_A^*$，T_A 和 T_A^* 分别表示 D 国和 G 国生产一单位 A 产品所需的劳动力数量；自由贸易时，有 $1 = P_A = T_A w_u = P_A^* = T_A^* w_u^*$，即 G 国非技术工人的工资比 D 国的要低，$w_u^* < w_u$。D 国的资本要素相对比较丰富，其价格低于 G 国，$r < r^*$，技术工人工资和技术服务企业数高于 G 国，$w_s^* < w_s$，$n^* < n$，且 D 国的零部件、专业技术服务生产技术比 G 国要先进，即 $\omega < \omega^*$，$c < c^*$，$f < f^*$。

则根据式（5.3）G 国总技术服务价格为：

$$P_s^* = \frac{c^*(1 + tT_A^*)}{\lambda T_A^* n^{*\frac{1-\lambda}{\lambda}}}$$

D 国总技术服务出口到 G 国的价格为 $P_s + \eta$。此时，G 国的零部件厂商有两种选择：或本国生产，或从 D 国进口。怎么选择呢？显然，如果 $P_s + \eta < P_s^*$，G 国将从 D 国进口总技术服务；设资本流动的成本为 φ，如果 $\varphi < r^* - r$，资本将从 D 国流向 G 国[①]。如果 G 国原有资本为 K_0^*，资本流动量为 K'，则 G 国资本总量为 $K^* = K_0^* + K'$，资本的价格为 $r^* = r + \varphi$。

根据式（5.4），G 国零部件价格为：

$$P^*(\tau) = \frac{1}{T_A^*} + r^* \tau + \eta \omega^* \tau + \frac{c\omega^*(1 + tT_A)}{\lambda T_A n^{\frac{1-\lambda}{\lambda}}} \tau \tag{5.6}$$

结合式（5.4）和式（5.6），由于 $T_A < T_A^*$，$r < r^*$，$\omega < \omega^*$，零部件 τ_θ 在两国生产的成本相同，并有：

$$\tau_\theta = \frac{\lambda(T_A^* - T_A)}{T_A^*[\lambda T_A(\varphi + \eta\omega^*)] + c(\omega^* - \omega)(1 + tT_A)n^{\frac{1-\lambda}{\lambda}}} \tag{5.7}$$

由此可见，最终产品 I 生产的分工状态取决于两国非技术劳动力的工资水平差距，以及资本和技术流动的成本。

显然，在 $0 < \tau_\theta < 1$ 时，G 国在劳动密集型环节即 $[0, \tau_\theta]$ 阶段的零部件生产中有比较优势，而 D 国在 $[\tau_\theta, 1]$ 阶段的零部件生产中有成本优势。

根据上面的式（5.2），I 的价格等于其成本：

---

① 假设主要以 FDI 形式，此处不考虑国际间接投资即国际证券投资和国际借贷情形。

$$P_I = \int_0^{\tau_\theta} p^*(\tau)d\tau + \int_{\tau_\theta}^1 p(\tau)d\tau = \Phi + \frac{T_A - T_A^*}{T_A T_A^*}\tau_\theta + \Gamma \tau_\theta^2$$

其中 $\Phi = \dfrac{1}{T_A} + \dfrac{r}{2} + \dfrac{c\omega(1+tT_A)}{2\lambda T_A n^{\frac{1-\lambda}{\lambda}}}$, $\Gamma = \dfrac{\varphi + \eta\omega^*}{2} + \dfrac{c(\omega^* - \omega)(1+tT_A)}{2\lambda T_A n^{\frac{1-\lambda}{\lambda}}}$。

充分就业条件下的世界总收入 M 满足:

$$M = w_u L + tL_s + w_u^* L_u^* \tag{5.8}$$

代表性消费者的位似效用函数为 $U(I, A) = I^\alpha A^{1-\alpha}$。

则世界对工业品和农产品的总需求分别为:

$$I^w = \frac{\alpha M}{P_I}, \quad A^w = \frac{(1-\alpha)M}{P_A}$$

I^w 单位产品生产对技术劳动力的需求为:

$$L_s^d = \frac{\alpha c\omega M}{2P_I n^{\frac{1-\lambda}{\lambda}}} + nf$$

代入式（5.8）有: $M = \dfrac{2P_I \Lambda}{\Pi}$, 其中 $\Lambda = \dfrac{L}{T_A} + \dfrac{L_u^*}{T_A^*} + tnf$, $\Pi = 2P_I - \alpha ct\omega n^{\frac{\lambda-1}{\lambda}}$。

从而均衡的工业品产出为:

$$\overline{I}^w = \frac{2\alpha\Lambda}{\Pi}$$

均衡时 $\overline{I}^w$ 单位的产出对 G 国非技术劳动力和资本的需求分别为:

$$\overline{L}_{IU}^* = \overline{I}^w \int_0^{\tau_\theta} d\tau = \overline{I}^w \tau_\theta$$

$$\overline{K}^* = \overline{I}^w \int_0^{\tau_\theta} \tau d\tau = \frac{\tau_\theta^2}{2}\overline{I}^w$$

根据式（4.5）可得两国技术服务企业的总利润分别为:

$$\pi = \left(\frac{(1-\lambda)\alpha c\omega\Lambda}{\lambda\Pi} - f\right)\frac{n + tnT_A}{T_A}, \quad \pi^* = 0 \tag{5.9}$$

显然，此时尽管有 $[0, \tau_\theta]$ 阶段的零部件在 G 国生产，但由于其生产所需的专业技术服务是从 D 国进口的，G 国国内只有资本和非技术工人能获得一定的收益。这就导致虽然表面上看 G 国总出口贸易额较高，但其实际所能获得的收益较低，即产出中增加值的比例较低。这就是前面所述的"统计假象"问题。

针对"统计假象"问题导致的出口贸易额难以准确反映一国出口

国内技术含量的问题，假定一国所有产品均出口，即产出值等于出口值，那么无论出口产品生产过程中需要多少进口中间投入，在生产技术水平和工资等其他条件不变的情况下，一国出口增加值并不发生变化，但其在总出口中的比例就会有不同。

本模型中，为简便起见，假设该国初始技术含量为 1，则可以直接用出口增值率来表示该国的价值链地位 GVC_pos。

$$GVC\_pos^* = \frac{w_u^* \bar{L}_{IU}^* + (r + \varphi) \bar{K}^*}{w_u^* \bar{L}_{IU}^* + (1 + r + \varphi) \bar{K}^* + S^* (P_s + \eta)} \qquad (5.10)$$

5.2.2　两国模型：自身努力和 FDI 溢出效应

由于国内专业技术服务价格高于进口价格，G 国只有通过提升技术水平来降低 c^*，即满足 $P_s^* \leq \eta + P_s$。

假定 G 国研发投入为 R，研发投入产出效率系数用 ϖ，资本流动的溢出效应系数为 δ，从而有 $c^{*\prime} = c^* - \varpi R - \delta K'$。在 $P_s < P_s^* < \eta + P_s$ 时，根据前面分析，新的分工临界点为：

$$\tau_\theta' = \frac{\lambda(T_A^* - T_A)}{\lambda \varphi T_A^* T_A + c^{*\prime} \omega^* (1 + tT_A^*) T_A n^{*\frac{\lambda-1}{\lambda}} - c\omega(1 + tT_A) T_A^* n^{\frac{\lambda-1}{\lambda}}}$$

$$\qquad (5.11)$$

与式（5.7）相比，可知 $\tau_\theta' > \tau_\theta$。

均衡时，I 的价格等于其成本，即满足

$$P_I' = \Phi + \frac{T_A - T_A^*}{T_A T_A^*} \tau_\theta' + \Gamma' \tau_\theta'^2$$

其中，$\Gamma' = \dfrac{\varphi}{2} + \dfrac{c^{*\prime} \omega^* (1 + tT_A^*)}{2\lambda T_A^* n^{*\frac{1-\lambda}{\lambda}}} - \dfrac{c\omega(1 + tT_A)}{2\lambda T_A n^{\frac{1-\lambda}{\lambda}}}$。

显然，由于 G 国技术水平提高了，其国内的技术服务价格已经低于进口价格，而零部件和工业品价格等于其成本，从而有 $P_I' < P_I$。

此时一部分技术服务由 D 国转移到 G 国生产，这就导致部分技术劳动力的就业也随之发生转移，假设 L_s' 为 D 国技术劳动力的就业量，世界的总收入为 $M' = w_u L + tL_s' + w_u^* L^* + tL_s^*$。

同样由反向求解可得均衡时：

$$\bar{I}^{w\prime} = \frac{2\alpha \Lambda'}{\Pi'}$$

其中，$\Lambda' = \dfrac{L'}{T_A} + \dfrac{L_u^*}{T_A^*} + t(nf + n^* f^*)$，$\Pi' = 2P_I' - \alpha ct\omega(1 - \tau_\theta'^2)n^{\frac{\lambda-1}{\lambda}} - \alpha c^{*'}t\omega^*(1 - \tau_\theta'^2)n^{*\frac{\lambda-1}{\lambda}}$。

由于 $P_I' < P_I$，所以 $\bar{I}^{w'} > \bar{I}^w$。

此时，G 国的技术服务业的总利润为：

$$\pi^{*'} = \left(\frac{(1-\lambda)\alpha c^* \omega^* \tau_\theta'^2 \Lambda'}{\lambda \Pi' n^{*\frac{\lambda-1}{\lambda}}} - n^* f^* \right) \frac{1 + tT_A^*}{T_A^*} - R \qquad (5.12)$$

由式（5.12）可以通过利润最大化的一阶条件；并且在满足 $P_s < P_s^* < \eta + P_s$ 和 $\pi^{*'} > 0$ 的条件下，求出最优的研发投入量。

此时以出口增值率衡量的 G 国价值链地位为：

$$\text{GVC\_pos}^{*'} = \frac{w_u^* \ \bar{L}_{IU}^{*'} + w_s^* \ \bar{L}_s^{*'} + (r+\varphi)\bar{K}^{*'} + \pi^{*'}}{w_u^* \ \bar{L}_{IU}^{*'} + w_s^* \ \bar{L}_s^{*'} + (1+r+\varphi)\bar{K}^{*'} + \pi^{*'}}$$

在达到新的均衡时，G 国的生产对非技术劳动力和资本的需求分别为：

$$\bar{L}_{Iu}^{*'} = \bar{I}^{w'} \int_0^{\tau'_\theta} d\tau = \bar{I}^{w'} \tau'_\theta$$

$$\bar{K}^{*'} = \bar{I}^{w'} \int_0^{\tau'_\theta} \tau d\tau = \frac{\tau_\theta'^2}{2}\bar{I}^{w'}$$

显然，$\bar{L}_{Iu}^{*'} > \bar{L}_{Iu}^*$，$\bar{L}_s^{*'} > 0$，$\bar{K}^{*'} > \bar{K}^*$，并且有 $TS^{*'} > TS^*$。

这意味着 G 国可变生产成本的下降将增加对劳动力和资本的需求，提高生产分工的地位，进而可以提高以增加值率衡量的价值链地位。

同时，由于 $c^{*'} = c^* - R - K'$，有 $c^{*'} < c^*$，可变成本的下降，其有两个来源：一是研发投入带来的技术创新；二是 FDI 的技术溢出效应。

值得注意的是，无论是哪种来源，其带来的可变成本的下降和 G 国价值链地位的提升，都需要使用更多的劳动力和资本。

因此，我们有如下命题：产品内分工的条件下，FDI 技术溢出和技术研发都有利于发展中国家全球价值链地位的提升；而劳动力特别是技术劳动力和资本投入协同性的增加，是提升该国价值链地位的必要条件。

5.3　本　章　小　结

　　本章主要是构建理论模型来解释增加值贸易统计下制造业价值链地位的影响因素及其作用机理。具体来说，包括两部分：一是增加值贸易和全球价值链分工的基本范式；二是制造业价值链地位影响因素的理论模型。

　　第一部分主要介绍了增加值贸易和全球价值链分工的基本范式。结合图形，借助三国模型，具体解释了全球产业链、全球价值链、产业链与价值链的融合、各国价值链参与度、分工地位和贸易利得，以及增加值贸易和任务贸易。强调了各国在全球产业链和全球价值链所处的位置及由此产生的国家与国家之间的分工合作关系，以及增加值贸易统计的科学性和合理性。

　　第二部分是构建了增值贸易统计下制造业价值链地位影响因素的理论模型，采用增加值贸易统计方法，用出口增值率来测度一国制造业真实的价值链地位，并进一步探讨 FDI 技术溢出、资本、劳动和研发等各影响因素的具体作用机理，为下一章的实证研究奠定理论基础。

第6章　增加值贸易统计下中国制造业价值链地位影响因素的实证研究

关于中国制造业价值链地位的影响因素，现有文献多从国家层面或地区层面进行研究，本研究关注的重点是行业层面，因此考虑到行业层面数据的可获得性，本章在分析和检验的基础上将 FDI 技术溢出细分效应、资本劳动比和研发强度作为解释变量纳入模型，对增加值贸易统计下中国制造业价值链地位的影响因素进行实证研究。

6.1　计量模型的构建

中国制造业价值链地位的影响因素有哪些呢？由于现有文献多以国家层面或地区层面的研究为主，导致对于影响因素的研究也多从国家或地区视角进行，分别提出了 FDI、劳动力、物质资本、进口贸易、研发投入、基础设施、全球价值链嵌入度、知识产权保护以及制度质量等因素。

鉴于行业层面与国家或区域层面影响因素存在研究视角差异，考虑到行业层面的特殊性和数据的可获得性，结合第 5 章的理论模型分析，本研究剔除了基础设施等宏观因素和进口贸易等效果不显著的行业层面因素，然后在分析和检验的基础上对相关因素进行了处理，最后将 FDI 技术溢出、资本劳动比、研发强度和价值链参与度作为解释变量纳入计量模型，其中资本劳动比和研发强度显然属于内部因素，而 FDI 技术溢出属于外部因素，因此设定如下线性计量模型（6.1）：

$$GVCP_{it} = \alpha + \beta_1 fdis_{it} + \beta_2 GVCpat_{it} + \gamma_1 lnkl_{it} + \gamma_2 rd_{it} + \mu_i + \varepsilon_{it} \quad (6.1)$$

其中，GVCP 为制造业价值链地位，根据第 4 章的测算，具体有两个指标来测度中国本土制造业价值链地位，一个是本土制造业出口国内技术含量 ldtc，经过对数化处理以 lnldtc 的形式以后进入方程，另一个是中国制造业 GVC 地位指数 GVCpos，区分加工贸易和一般贸易后，可以分为一般贸易价值链地位 gpos 和加工贸易价值链地位 ppos，后面将分别进入方程；fdis 为 FDI 技术溢出效应，GVCpat 为制造业价值链参与程度，同样可以分为一般贸易价值链参与程度 gpat 和加工贸易价值链参与程度 ppat。Lnkl 为对数化处理后的资本劳动比，rd 为研发强度，α 为常数项，β_1、β_2、β_3 和 γ_1、γ_2 分别为其回归系数向量，μ_i 表示不随时间改变的行业非观测异质性，控制所忽略的行业层面因素的影响，ε_{it} 是随机误差项。

考虑到 FDI 技术溢出效应不仅出现在东道国同行业内部，还可能通过与东道国上下游企业之间的购销关系而产生，所以此处将 FDI 技术溢出细分为水平技术溢出、后向技术溢出和前向技术溢出三种效应[1]一同纳入模型，于是有模型（6.2）：

$$\text{GVCP}_{it} = \alpha + \beta_1 \text{hori}_{it} + \beta_2 \text{back}_{it} + \beta_3 \text{for}_{it} + \beta_4 \text{GVCpat}_{it}$$
$$+ \gamma_1 \text{lnkl}_{it} + \gamma_2 \text{rd}_{it} + \mu_i + \varepsilon_{it} \qquad (6.2)$$

99

其中，hori、back 和 for 分别为 FDI 水平技术溢出、后向技术溢出和前向技术溢出。显然，该模型是以溢出效应是线性为前提假设的，然而近年来这一假设经常受到质疑，国内外一些文献曾经研究了 FDI 技术溢出效应的非线性特征，那么，随着中国制造业利用 FDI 水平的不断增加，FDI 技术溢出对中国本土制造业价值链地位的影响是否也存在这种"天花板"效应呢？类似的，全球价值链参与程度、资本劳动比和研发强度对中国制造业价值链地位是否也可能存在非线性的影响呢？为此，本研究将自变量的平方项一并纳入模型（6.1）和模型（6.2），构建如下非线性计量模型：

$$\ln\text{GVCP}_{it} = \alpha + \beta_1 \text{fdis}_{it} + \beta_2 \text{GVCpat}_{it} + \beta_3 \text{fdis}_{it}^2 + \beta_4 \text{GVCpat}_{it}^2$$
$$+ \gamma_1 \text{lnkl}_{it} + \gamma_2 \text{rd}_{it} + \mu_i + \varepsilon_{it} \qquad (6.3)$$

---

①　水平技术溢出，也称横向或产业内技术溢出，指 FDI 对东道国同一个行业内企业带来的示范—模仿效应、市场竞争效应以及人力资本流动效应；后向技术溢出是指 FDI 通过向东道国当地上游企业购买原材料或中间品所发生的后向联系，前向技术溢出则是指 FDI 通过向东道国当地下游企业出售中间产品所发生的前向联系。

$$\ln GVCP_{it} = \alpha + \beta_1 hori_{it} + \beta_2 back_{it} + \beta_3 for_{it} + \beta_4 hor_{it}^2 + \beta_5 back_{it}^2 + \beta_6 for_{it}^2$$
$$+ \gamma_1 \ln kl_{it} + \gamma_2 rd_{it} + \mu_i + \varepsilon_{it} \tag{6.4}$$

6.2 变量说明及资料来源

6.2.1 被解释变量

被解释变量中国制造业价值链地位 GVCP。关于中国制造业价值链地位的测度，根据第 4 章的测算，具体有两个指标，一个是本土制造业出口国内技术含量 ldtc，经过对数化处理以 lnldtc 的形式以后进入方程；另一个是中国制造业 GVC 地位指数 GVCpos，区分加工贸易和一般贸易后，两个指标将分别进入方程。

关于本土制造业出口国内技术含量 ldtc 指标。如前所述，本研究采用豪斯曼等（2005）出口技术复杂度指标并进行改进，对中国本土制造业出口国内技术含量进行测度，以此来衡量中国本土制造业的价值链地位，本部分计算要求使用的数据主要包括：世界各国各产品的出口贸易数据、世界各国的人均国民收入数据以及投入产出数据。所有出口贸易数据均来自联合国 COMTRADE 数据库。为使数据更具有可比性，出口数据均转换为 HS2002 版本，细化至 HS6 位代码；出口交货值数据来自各年度《中国工业经济统计年鉴》，其中 2004 年数据来自《中国经济普查年鉴》。人均国民收入采用世界银行公布的人均 GNI 指标，并以 2005 年不变国际元为基准进行了调整，数据来自世界银行的 WDI 数据库。此外，在计算 dtc 时需要剔除进口中间投入，本研究使用的出口国内增值率将进口中间投入剔除，其中计算出口国内增值率时借鉴李昕、徐滇庆（2013）和王岚（2014）的做法，使用的投入产出数据分别来自中国国家统计局、经济合作与发展组织（OECD）和欧盟（EU）的国际投入产出数据库。

关于价值链地位指数 GVCPos。此处用的是库普曼等（2010）提出的指标 KPWW 中的 GVC – position 指标。计算所需要的数据主要来源于 OECD – WTO 联合发布的 TiVA 数据库及 OECD – ICIO2018，该数据库包括对全球贸易影响较大的 61 个国家和地区的国际贸易数据，时间跨度为 2005～2013 年，按照前面提出的方法，测算了中国制造业总体和各细分行业的 GVC 地位。数据来源同前。由于 OECD‑ICIO2018 里区分了中国的加工贸易和一般贸易数据（全球制造业和非全球制造业），所以价值链地位指数要区分为 ppos 和 gpos，即加工贸易 GVC 地位指数和一般贸易 GVC 地位指数。

6.2.2 解释变量

解释变量的变量说明及数据来源如下。

（1）FDI 技术溢出效应及三种细分技术溢出效应。FDI 技术溢出效应 fdis。目前最常使用的是外资工业总产值与行业总产值之比，本研究也借鉴了这种处理方法。计算中所用到的各制造业分行业全部规模工业企业以及外商投资和港澳台商投资工业企业的工业总产值（当年价格，亿元）来自各年度《中国工业经济统计年鉴》。

FDI 三种细分技术溢出效应 hori、for 和 back。考虑到 FDI 技术溢出效应不仅出现在东道国同行业内部，还可能通过与东道国上下游企业之间的购销关系而产生，所以进一步将 FDI 技术溢出细分为水平技术溢出、后向技术溢出和前向技术溢出三种效应。借鉴王滨（2010）的做法，对于水平技术溢出 hori，本研究选择了外资工业总产值与行业总产值之比来进行测度，而前向技术溢出 for 和后向技术溢出 back 分别可以表示为下游行业和上游行业中外资比重即 hori 的加权和。

$$\text{hori}_{it} = \frac{i\ 行业\ t\ 年外资企业总产值}{i\ 行业\ t\ 年全部企业总产值} \tag{6.5}$$

$$\text{for}_{it} = \sum_{k,k\neq i}(\omega_{ik} \times \text{hori}_{kt}) \tag{6.6}$$

$$\text{back}_{it} = \sum_{l,l\neq i}(\delta_{li} \times \text{hori}_{lt}) \tag{6.7}$$

式中，ω_{ik} 是行业 i 供应给下游行业 k 的产出比例，表示下游 k 行业每单位产出中所直接消耗 i 行业国内生产的中间投入品数量，δ_{li} 是行业 i 从上游 l 行业中采购的中间品的比例，表示下游 i 行业每单位产出中所直接消耗的上游 l 行业提供的中间投入品的数量，均是对应年份的直接消耗系数，可由投入产出表中得到。可以设 ω_{ik} 的系数矩阵为 A，δ_{li} 的系数矩阵为 D，则满足 $D = A^T$，即 D 为 A 的转置矩阵；另外，因为在

$Hori_{kt}$ 变量中已经包含了行业内的效果，必须排除 $k = i$ 的情况，即必须将矩阵 A 和 D 的对角线元素剔除，其中，hori、back、for 都是 N×T 阶矩阵，A 和 D 都是 N×N 阶矩阵，N 是行业总数，T 是年数。

计算中所用到的各制造业分行业全部规模工业企业以及外商投资和港澳台商投资工业企业的工业总产值（当年价格，亿元）来自各年度《中国工业经济统计年鉴》；直耗系数来自 2002 年[①]、2007 年和 2012 年《中国投入产出表》。同前面的处理方法，假定行业结构短期内不变，本研究将 2003～2004 年投入产出表以 2002 年投入产出表代替，2005～2009 年投入产出表以 2007 年投入产出表代替，2010～2013 年投入产出表以 2012 年投入产出表代替。

（2）价值链参与程度 pat。衡量制造业价值链参与程度使用的是库普曼等（2010）提出的指标 KPWW 中的 GVC - participation 指标。计算所需要的数据主要来源于 OECD - WTO 联合发布的 TiVA 数据库及 OECD - ICIO2018，该数据库包括对全球贸易影响较大的 61 个国家和地区的国际贸易数据，时间跨度为 2005～2015 年，按照前面提出的方法，对世界主要的 64 个国家和地区的出口贸易进行了分解，在此基础上测算了中国制造业总体和各细分行业的 GVC 参与度。由于 OECD - ICIO2018 里区分了中国的加工贸易和一般贸易数据（全球制造业和非全球制造业），所以 GVC 参与程度指数要区分为 ppat 和 gpat，即加工贸易 GVC 参与程度指数和一般贸易 GVC 参与程度指数。

（3）资本劳动比 kl。用资本与劳动之比来表示，经过对数化处理以后以 lnkl 进入模型。资本数据来自各年度《中国统计年鉴》按行业分全部国有及规模以上非国有工业企业固定资产净值统计值，并以 1990 年固定资产投资价格指数为 100 进行修正，劳动数据采用各年度《中国统计年鉴》按行业分全部国有及规模以上非国有制造业企业全部从业人员年平均人数统计值。

（4）研发强度 rd。用 R&D 经费占企业主营业务收入的比重来表示。其数据来源于 2003～2013 年各年度《中国科技统计年鉴》中的分行业大中型制造企业[②] R&D 经费和主营业务收入。

上述所有变量包括被解释变量 gpos、ppos、ldtc 和解释变量 hori、

① 2002 年直耗系数由笔者根据 2002 年投入产出表计算得出。
② 2004 年，2011～2013 年等 4 个年份为规模以上制造企业数据。

back、for、gpat、gpatf、gpatb、ppat、ppatf、ppatb、kl 和 rd 的统计性描述如表6-1所示。

表6-1　　　　　　　　　　变量的统计性描述

Variable	Obs	Mean	Std. Dev.	Min	Max
gpos	117	-0.037	0.064	-0.2	0.079
ppos	117	0.275	0.136	0.007	0.47
gpatb	117	0.205	0.067	0.075	0.376
gpatf	117	0.161	0.065	0.038	0.311
gpat	117	0.367	0.109	0.113	0.573
ltdc	117	30.785	27.654	0.265	120.269
fdis	117	0.312	0.171	0.103	0.841
hori	117	0.312	0.171	0.103	0.841
back	117	0.109	0.106	0.017	0.411
for	117	0.074	0.05	0.013	0.212
rd	117	0.008	0.005	0.001	0.018
kl	117	678.932	582.126	107.16	3163.51
ppatb	117	0.245	0.094	0.101	0.52
ppatf	117	0.648	0.205	0.302	0.979
ppat	117	0.893	0.237	0.511	1.333

由于实证模型中包含多个解释变量，若这些变量间存在相关性，可能会导致模型存在多重共线性问题。因此，首先要对各变量进行相关性检验。如果两个变量之间存在较高的相关性，则应从模型中删去或者分别进入模型进行处理。

观察表6-2中各变量（一般贸易）的相关系数可知，一般贸易GVC参与度gpat与一般贸易GVC后向参与度gpatb和前向参与度gpatf的相关系数较高，主要是因为它们之间存在线性的关系，确切地说gpat是gpatb和gpatf之和，所以将分别进入模型，此外FDI技术溢出效应fdis，如果考虑到细分技术溢出效应，则等同于其中的水平技术溢出效应hori，其余变量中，Pearson相关系数最高为0.677，均低于共线性存在的门槛值为 0.7 （Lind et al, 2002），因此可以全部进入模型。

表 6 - 2　　　　　各变量间的 Pearson 相关系数（一般贸易）

Variable	gpos	ldtc	gpat	gpatb	gpatf	fdis (hori)	back	for	rd	kl
gpos	1.000									
ldtc	0.278	1.000								
gpat	0.001	-0.078	1.000							
gpatb	-0.563	-0.227	0.825	1.000						
gpatf	0.584	0.105	0.812	0.341	1.000					
fdis (hori)	-0.179	-0.306	0.188	0.252	0.052	1.000				
back	0.237	0.677	0.532	0.300	0.577	0.006	1.000			
for	-0.109	-0.273	-0.063	0.003	-0.108	0.298	-0.279	1.000		
rd	-0.175	-0.046	-0.119	-0.004	-0.194	0.190	-0.079	0.381	1.000	
kl	-0.331	-0.050	0.149	0.316	-0.077	-0.118	-0.021	-0.049	-0.215	1.000

资料来源：笔者自行整理绘制。

　　同样地，表 6 - 3 给出的是各变量（加工贸易）的相关系数，加工贸易 GVC 参与度 ppat 和加工贸易 GVC 后向参与度 ppatb 以及前向参与度 ppatf 相关系数较高，是因为它们之间存在线性的关系，前者为后两者之和，所以将分别进入模型；此外 FDI 技术溢出效应 fdis 与细分中的水平技术溢出效应 hori 相同，其余变量中，相关系数最高的是加工贸易 GVC 前向参与度 ppatf 和加工贸易 GVC 地位 ppos 之间的 0.851，所以剔除 ppatf，此外相关系数均不超过 0.7，都可以进入模型。由于 ppatf 和 ppos 之间相关系数过高。

表 6 - 3　　　　　各变量间的 Pearson 相关系数（加工贸易）

Variable	ppos	ldtc	ppat	ppatb	ppatf	fdis (hori)	back	for	rd	kl
ppos	1.000									
ldtc	0.431	1.000								

Variable	ppos	ldtc	ppat	ppatb	ppatf	fdis (hori)	back	for	rd	kl
ppat	0.577	0.194	1.000							
ppatb	-0.403	-0.248	0.513	1.000						
ppatf	0.851	0.337	0.920	0.136	1.000					
fdis (hori)	-0.664	-0.306	-0.414	0.230	-0.583	1.000				
back	0.166	0.677	0.416	0.272	0.356	0.006	1.000			
for	-0.324	-0.273	-0.407	-0.122	-0.414	0.298	-0.279	1.000		
rd	-0.227	-0.046	-0.262	-0.062	-0.274	0.190	-0.079	0.381	1.000	
kl	-0.084	-0.050	0.206	0.323	0.090	-0.118	-0.021	-0.049	-0.215	1.000

资料来源：笔者自行整理绘制。

为防止出现多重共线性，都进一步分别进行方差膨胀因子（VIF）检验，发现最高值都远小于 10，可以进入模型，所以和前面相关性检验的结果是一致的。

6.3　计量方法的选择

接下来需要判定模型的类型。面板数据模型一般可以划分为三类，分别为变系数模型、变截距模型和不变系数模型。各模型的回归形式分别为以下几种类型。

（1）变系数模型，其回归形式为：

$$Y = \alpha_i + X_{it}\beta_i + \mu_{it}, \ i = 1, \cdots, N; \ t = 1, \cdots, T \qquad (6.8)$$

（2）变截距模型，其回归形式为：

$$Y = \alpha_i + X_{it}\beta + \mu_{it}, \ i = 1, \cdots, N; \ t = 1, \cdots, T \qquad (6.9)$$

（3）不变系数模型，其回归形式为：

$$Y = \alpha + X_{it}\beta + \mu_{it}, \ i = 1, \cdots, N; \ t = 1, \cdots, T \qquad (6.10)$$

如果要判断样本数据究竟符合哪种模型，严格来讲，需要利用协方差分析构造如下 F 检验统计量：

$$F_1 = \frac{(S_2 - S_1)/[(N-1)K]}{S_1/[NT - N(K+1)]} \sim F[(N-1)K, N(T-K-1)]$$

$$F_1 = \frac{(S_2 - S_1)/[(N-1)(K+1)]}{S_1/[NT - N(K+1)]} \sim F[(N-1)(K+1), N(T-K-1)]$$

其中 S_1，S_2，S_3 分别为方程（6.8）、方程（6.9）和方程（6.10）的残差平方和，具体判断方法为：先检验 F2，如果 F2 大于等于某置信度（95%）下的同分布的临界值时，则拒绝方程（6.10），否则采用方程（6.10）；如果拒绝方程（6.10），则继续检验 F1，同理，如果 F1 大于等于置信度（95%）下的同分布临界值，则拒绝方程（6.9），采用方程（6.8），如果 F1 小于置信度（95%）下的同分布临界值，则采用方程（6.9）。

经过检验，本研究设置的计量模型（6.1）～模型（6.4）均应采用方程（6.8），即适用变截距模型。

同时，还需要选择具体的估计方法。具体方法是先进行混合回归，将结果作为一个参照系，然后分别进行比较，各模型发现固定效应和随机效应均优于混合回归，接下来再用豪斯曼检验选择究竟使用固定效应还是随机效应模型。因为被解释变量有三个：本土制造业出口国内技术含量 ldtc、一般贸易制造业价值链地位 gpos，加工贸易制造业价值链地位 ppos，为准确起见，要分别来进行检验。

以本土制造业出口国内技术含量 ldtc 为被解释变量，来测度中国制造业价值链地位，解释变量为一般贸易制造业价值链参与度 gpat、加工贸易价值链参与度 ppat、FDI 技术溢出 fdis、人均资本 kl 和研发强度 rd，检验的结果是 p 值为 0.4560 > 0.05，显然要接受原假设，即要选择随机效应。

以一般贸易制造业价值链地位 gpos 为被解释变量，解释变量为一般贸易制造业价值链参与度 gpat、FDI 技术溢出 fdis、人均资本 kl 和研发强度 rd，检验结果显示 p 值为 0.2961，显然接受原假设，即应该选择随机效应，而非固定效应。接下来进行序列相关检验，结果发现存在单尾和双尾随机效应和序列相关，而且联合检验也非常显著。

以加工贸易制造业价值链地位 gpos 为被解释变量，解释变量为加工贸易制造业价值链参与度 gpat、FDI 技术溢出 fdis、人均资本 kl 和研发强度 rd，检验结果显示 p 值为 0.0001 < 0.005，显然拒绝原假设，即应该选择固定效应，而非随机效应。接下来进行序列相关和截面异方差

检验，结果发现存在因截面变化的异方差，存在一阶序列相关。

针对上述三种不同的被解释变量和解释变量组成的模型，本章采用了 GLS（广义最小二乘法）方法进行修正，检验结果见 6.4 "实证结果及分析" 所示。

6.4　实证结果及分析

6.4.1　出口国内技术含量情形

借助 Stata14.0 计量软件，利用 13 个制造业细分行业 2005～2013 年的数据，本章首先对仅包含 FDI 技术溢出效应和人均资本以及研发强度的线性模型（1）进行估计，然后将三种 FDI 技术溢出细分效应加入模型，得到模型（2），接着并分别加入一般贸易制造业价值链参与度和加工贸易制造业价值链参与度，得到模型（3）和模型（4），最后将两个参与度同时加入，得到模型（5），具体如表6-4所示。

表6-4　　本土制造业出口国内技术含量回归结果（线性模型）

Variable	（1） lnldtc	（2） lnldtc	（3） lnldtc	（4） Lnldtc	（5） lnldtc
rd	25.57 *** （10.98）	7.556 ** （2.48）	-22.42 *** （-5.68）	-8.478 *** （-2.89）	-25.17 *** （-6.94）
lnkl	-0.182 *** （-5.19）	-0.238 *** （-7.93）	-0.0696 ** （-2.25）	-0.126 *** （-4.72）	-0.0696 ** （-2.11）
fdis（hori）	-2.071 *** （-19.76）	-2.560 *** （-12.73）	-1.387 *** （-7.42）	-4.002 *** （-22.08）	-0.713 *** （-3.54）
back		5.304 *** （31.94）	11.06 *** （26.60）	7.635 *** （22.36）	11.27 *** （24.84）
for		8.881 *** （12.63）	11.03 *** （30.56）	7.086 *** （22.30）	12.62 *** （18.44）

续表

Variable	（1） lnldtc	（2） lnldtc	（3） lnldtc	（4） Lnldtc	（5） lnldtc
gpat			−9.944 *** （−20.35）		−11.93 *** （−45.50）
ppat				−2.918 *** （−23.36）	1.171 *** （6.54）
_cons	4.462 *** （21.06）	3.834 *** （18.80）	5.533 *** （19.98）	6.213 *** （28.85）	4.888 *** （15.10）
N	117	117	117	117	117

注：各变量系数下面括号中的数字为系数的 t 统计值。 ***、**、* 分别表示在 1%，5% 和 10% 水平上显著。

在表 6-4 中，模型（1）结果显示研发强度 rd 在 1% 的水平上高度显著为正，模型（2）中考虑到三种 FDI 技术溢出细分效应后，显著性稍有下降，但也是在 5% 的水平上为正，系数也下降不少，但仍然高达 7.556，说明 2005~2013 年，研发投入极大地提升了中国本土制造业出口国内技术含量，即明显提升了中国制造业价值链地位，这与多数文献的认识是一致的，企业特别是本土企业增加研发投入，有利于开发新技术产品，产品国内技术含量得到提升，并进一步提升了中国制造业价值链地位；然而，从模型（3）和模型（4）开始分别引入一般贸易制造业价值链参与度和加工贸易制造业价值链参与度后，以及模型（5）两个变量都引入后，研发强度 rd 的影响变正为负，而且在 1% 的水平上高度显著为负，这说明控制了一般贸易制造业和加工贸易制造业价值链参与度后，研发强度的提高显著阻碍了中国本土制造业出口国内技术含量的提升，特别是一般贸易制造业价值链参与程度越高，研发投入对价值链地位提升的负面影响更大。对于这个看似令人"费解"的事实，参考现有文献，本章认为是我国基础研究投入[①]强度过低与"以市场换技

---

① 研发投入由基础研究、应用研究和试验发展三项构成，其中，基础研究是应用研究和试验发展的基础和前提，也是科技创新的活力之源；而且基础研究正的外部性很高，需要由公共部门主导；长期以来，我国为了发展经济，更注重实用性强的应用研究和试验发展，而对基础研究重视程度不够。

术"的引资政策共同作用的结果，本土制造企业的研发投入更多地集中于对外资企业技术的引进、模仿和消化，外资企业会凭借技术优势不断地推陈出新，本土企业一直被动地在不停地追赶，其研发投入的成果不断地被国外阶梯切入的先进技术所报废，不仅始终落后于外资企业，而且还消耗了经济系统里的资源，挤占了对本土出口产品的研发投入；除此之外，我国科技成果转化率低，仅为 10% 左右，远低于发达国家 40% 的水平，再加上我国对知识产权和专利的保护力度不够，这些都促成了研发投入增加却导致本土制造业出口国内技术含量下降，阻碍了本土制造业价值链地位的提升，从而也印证了张海洋（2005）、李小平和朱钟棣（2006）以及李宾（2010）R&D 阻碍技术进步、技术效率及全要素生产率提升的发现。

模型（1）~模型（5）的结果显示资本劳动比 kl 对中国制造业价值链地位的提升作用虽然不大，但是显著为负，这说明 2003 ~ 2013 年本土制造业资本劳动比提高阻碍了本土制造业价值链地位的提升。可能的解释是，由于过度的投资和竞争，企业的技术选择显示出资本替代劳动的偏差，进而导致了投资收益率持续而且显著的恶化，即资本劳动比降低了技术效率，进而阻碍了本土制造业价值链地位的提升，虽然幅度不大，但是高度显著。这与张军（2002）关于资本劳动比延缓技术进步的观点是一致的。

至于 FDI 技术溢出效应 fdis 对中国本土制造业出口国内技术含量的提升，在模型（1）~模型（5）中均是在 1% 的水平上高度显著为负，说明 FDI 技术溢出总体上阻碍了中国本土制造业出口国内技术含量的提升，可能的原因是一方面外资对中国本土企业构成了激烈的竞争，另一方面本土企业对先进技术的消化吸收能力不佳，一定程度上提高了成本，而且挤占了本土制造企业的研发投入，造成了浪费，因此负面的效应远超正面效应，这一点在五个模型中都比较明显，特别是第（5）个模型中，虽然影响系数只有 − 0.713，比前 4 个模型都要低，然而还是在 1% 的水平上高度显著为负。

如果考虑到 FDI 三种细分技术溢出效应，即在水平技术溢出效应 hori（fdis）的基础上引入前向技术溢出效应 for 和后向技术溢出效应 back，水平技术溢出效应的符号如前所述，始终为负值，而且在 1% 的水平上高度显著，说明 FDI 水平技术溢出即外资对行业内本土企业竞争效应带来的负面影响超过了模仿和示范效应、人力资本流动效应带来的正面影响，但是对于垂直技术溢出效应，无论前向还是后向，均在1%的水平上高度显著为正，这说明中国本土制造业企业参与价值链分工，无论从上游进口高质量的中间产品，还是为下游外资企业提供中间投入品，无意中学到了先进技术，从而提升了中国本土制造企业的出口国内技术含量，即价值链地位。

至于模型（3）和模型（4）分别引入的一般贸易和加工贸易制造企业参与价值链分工程度，均显著阻碍了中国本土制造业国内技术含量即价值链地位的提升。因此，一般贸易和加工贸易制造业特别是前者价值链参与程度越高，本土制造业出口国内技术含量越少，价值链地位则越低。到模型（5），两者同时引入模型后，一般贸易的负面影响加强，回归系数绝对值变大，相比之下，加工贸易制造业价值链参与程度的影响则变负为正，但是回归系数绝对值比单独进入模型时，小了很多。也就是说，2005~2013年一般贸易价值链参与度对价值链地位的负面影响远远超过加工贸易制造业价值参与程度带来的正面影响，可能的原因是一般贸易下进口产品形成了对本土产品的替代，制造企业在加工贸易进出口过程中，学到了先进的技术，提高了中国本土制造业企业出口国内技术含量。

表6-5中模型（1）~模型（4）解释的是非线性模型时的回归结果。如表6-5所示，研发强度rd在四个模型里面都是在1%的水平上高度显著为负值，说明2005~2013年研发投入的提升显著降低了本土制造企业出口国内技术含量，原因可能跟前面一样，研发投入主要是我国基础投入强度过低和"以市场换技术"的引资政策、科技成果转化率低以及我国对知识产权和专利的保护程度等共同决定的；资本劳动比对本土制造业出口国内技术含量的提升起到了一定的促进作用，虽然为正，但是不显著。水平技术溢出hori对本土制造业出口国内技术含量的提升起到了明显的作用，说明外资企业对本土制造业企业充分发挥了竞争效应、示范—模仿效应以及人力资本流动效应，正面影响远远大于负面影响，但其二次项显著为负，说明水平技术溢出效应对中国本土制造业出口国内含量的影响存在倒"U"型关系，当达到临界值之后，外资企业对上游本土制造企业的负面效应更多地体现了出来。后向技术溢出效应back在四个模型中均在1%的水平上高度显著为正，但其二次项为

负，而且不怎么显著，说明外资企业通过要求本土制造企业提供符合高标准的高质量的中间投入品，本土企业由此学到了先进的技术和管理经验，从而进一步提升了中国本土制造业出口国内技术含量；前向技术溢出效应 for 在四个模型中也都是在 1% 的水平上高度显著为正，且系数非常大，都在 34 以上，说明外资企业通过向本土制造业企业提供高技术水准的中间投入品，本土企业由此有机会学习到先进技术，大大提升了中国本土制造业出口国内技术含量，但是二次项系数显著为负，则体现了其与中国本土制造业出口国内含量之间的倒 "U" 型关系；接下来是一般贸易价值链参与度和加工贸易价值链参与度，前者高度为负，而后者高度为正，这说明 2005~2013 年，中国制造业以一般贸易形式参与价值链分工，参与越多，本国出口国内技术含量越低，而以加工贸易形式参与价值链分工，参与越多，则本国出口国内技术含量越高；特别地，一般贸易价值链参与度一次项为负，但是二次项显著为正，这说明两者之间存在着 "U" 型关系，加工贸易价值链参与度则正好相反，是一次项显著为正，二次项显著为负，这说明加工贸易刚开始由于吸引到先进技术并用于本土企业产品的生产和出口，但是后来二次项显著为负，说明两者之间存在典型的倒 "U" 型关系，也就是说随着时间的推移，参与加工贸易阻碍了中国本土制造业出口国内价值链的提升，这也非常符合我们国家近年来一直倡导的制造业转型升级。

表 6-5　　本土制造业出口国内技术含量回归结果（非线性模型）

Variable	（1）lnldtc	（2）lnldtc	（3）lnldtc	（4）lnldtc
rd	-42.25 *** (-9.07)	-41.89 *** (-9.33)	-45.65 *** (-13.30)	-44.61 *** (-11.54)
lnkl	0.0330 (1.08)	0.0325 (1.07)	0.0247 (0.74)	0.0530 (1.39)
hori	5.287 *** (3.94)	5.323 *** (4.00)	4.440 *** (3.29)	4.114 *** (2.81)
back	7.943 *** (4.10)	8.258 *** (3.56)	8.681 *** (3.50)	9.217 *** (3.98)

Variable	(1) lnldtc	(2) lnldtc	(3) lnldtc	(4) lnldtc
for	37.04 *** (10.33)	38.52 *** (10.71)	34.11 *** (4.42)	36.66 *** (6.93)
gpat	− 11.09 *** (− 22.53)	− 12.92 *** (− 3.84)	− 10.74 *** (− 15.60)	− 15.47 *** (− 9.03)
ppat	1.661 *** (5.20)	1.721 *** (5.41)	6.115 *** (3.94)	6.512 *** (4.49)
hori2	− 6.362 *** (− 4.36)	− 6.477 *** (− 4.41)	− 6.540 *** (− 4.10)	− 6.339 *** (− 3.93)
back2	8.297 * (1.81)	7.514 (1.34)	8.120 (1.32)	6.547 (1.11)
for2	− 126.4 *** (− 10.31)	− 131.3 *** (− 10.61)	− 128.4 ** (− 1.97)	− 128.2 *** (− 4.76)
gpat2		2.556 (0.63)		6.534 *** (2.60)
ppat2			− 3.013 *** (− 3.25)	− 3.126 *** (− 3.45)
_cons	1.881 *** (3.46)	2.032 ** (2.48)	0.929 (1.22)	1.140 (1.40)
N	117	117	117	117

注：各变量系数下面括号中的数字为系数的 t 统计值。 *** 、 ** 、 * 分别表示在 1%，5% 和 10% 水平上显著。

总之，当以出口国内技术含量作为被解释变量测度价值链地位时，显然，非线性模型比线性模型的回归结果更为准确。研发强度高度显著为负，研发投入的增加对于本土制造行业价值链地位水平的提升则产生了显著的负面影响，阻碍了技术进步和技术效率提升；资本劳动比为正但不显著，资本劳动比提高在促进本土制造业出口国内技术含量提升的同时，一定程度上导致了技术选择偏向资本增用，导致资本劳动比降低了技术效率,延缓了技术进步,因此并没有充分发挥其对本土制造业价值链地位的提升的促进作用,虽然为正,但是不显著;相比较而言,中国本土制造业价值链地位的提升受外部因素即 FDI 技术溢出的影响较大,水平技术溢出效应和前向技术溢出效应与价值链地位之间存在"先上升后下降"的倒"U"型关系,后向技术溢出效应对价值链地位呈现积极的促进作用。

6.4.2　一般贸易情形

表 6-6 给出的是制造业以一般贸易形式嵌入全球价值链位置的回归结果。

表 6-6　　　　　　　　　　一般贸易情形回归结果

Variable	(1) gpos	(2) gpos	(3) gpos	(4) gpos
rd	-2.255^{***} (-4.32)	-1.319^{**} (-2.34)	-1.531^{**} (-2.27)	-0.464^{**} (-2.03)
lnkl	-0.0203^{***} (-5.00)	-0.0145^{***} (-3.39)	-0.0154^{***} (-3.07)	-0.00468^{***} (-3.95)
gpat	0.0860^{***} (3.01)	0.0958^{**} (1.96)	0.481^{***} (2.95)	-0.455^{***} (-4.70)
hori	-0.118^{***} (-7.87)	-0.117^{***} (-6.77)	-0.0837^{***} (-3.56)	0.300^{***} (2.63)
back		0.00899 (0.18)	0.0117 (0.23)	0.433^{***} (3.55)
for		-0.192^{**} (-2.45)	-0.260^{***} (-3.18)	2.133^{***} (8.55)
gpat2			-0.626^{**} (-2.50)	0.737^{***} (5.35)

Variable	(1) gpos	(2) gpos	(3) gpos	(4) gpos
hori2				-0.595^{***} (-2.98)
for2				-9.911^{***} (-8.80)
back2				-0.515^{*} (-1.80)
_cons	0.116^{***} (4.19)	0.0804^{***} (2.80)	0.0362 (0.88)	-0.0746^{***} (-3.75)
N	117	117	117	117

注：各变量系数下面括号中的数字为系数的 t 统计值。 *** 、 ** 、 * 分别表示在1%，5%和10%水平上显著。

首先是研发强度。研发强度 rd 至少在5%的水平上显著为负，说明从研发强度来看，线性模型中，研发投入对本土制造业价值链地位的影响在5%的显著性水平上为负，即研发投入的提高能有效降低本土制造业价值链地位水平，对于这个看似令人"费解"的事实，参考现有文献，本章认为是我国基础研究投入强度过低与以市场换技术的引资政策共同作用的结果，本土制造企业的研发投入更多地集中于对外资企业技术的引进、模仿和消化，外资企业会凭借技术优势不断地推陈出新，本土企业一直被动地在不停地追赶，其研发投入的成果不断地被国外阶梯切入的先进技术所报废，不仅始终落后于外资企业，而且还消耗了经济系统里的资源，挤占了对本土出口产品的研发投入；除此之外，我国科技成果转化率低，仅为10%左右，远低于发达国家40%的水平，再加上我国对知识产权和专利的保护力度不够，这些都促成了研发投入增加却导致本土制造业出口国内技术含量下降即阻碍本土制造业价值链地位提升，从而也印证了张海洋（2005）、李小平和朱钟棣（2006）以及李宾（2010）R&D阻碍技术进步、技术效率及全要素生产率提升的发现。

其次是资本劳动比。资本劳动比 kl 从资本劳动比来看，线性模型中，资本劳动比的提高对本土制造业价值链地位的影响虽然不大，但是显著为负，即使控制了技术溢出效应的二次项以后，也是呈现线性负相关关系，但是系数明显降低，说明由于 2003～2013 年本土制造业资本劳动比提高阻碍了本土制造业价值链地位的提升。可能的解释是，由于过度的投资和竞争，企业的技术选择显示出资本替代劳动的偏差，导致了投资收益率持续而且显著的恶化，即资本劳动比降低了技术效率，进而阻碍了本土制造业价值链地位的提升，虽然幅度不大，但是高度显著。这与张军关于资本劳动比延缓技术进步的观点是一致的。

再次是一般贸易价值链参与程度。在线性模型（1）和模型（2）中，一般贸易价值链参与程度在 1% 的水平上高度显著为正，接着当引入平方项后，在模型（3）中，发现虽然一次项为正，但二次项显著为负，然而在模型（4）中控制 FDI 三种技术溢出效应的平方项后，一般贸易价值链参与度显著为负，而其二次项则直接改变了符号，变为正值，这说明一般贸易价值链参与程度与一般贸易制造业价值链地位之间存在先下降后上升的"U"型关系，即随着一般贸易价值链参与程度的加深，以民营企业为主体的一般贸易制造业价值链地位会下降，但是价值链参与程度达到一定水平后，一般贸易制造企业价值链地位会相应提升。

最后是三种 FDI 技术溢出效应，其与一般贸易价值链地位之间均存在倒"U"型关系。第一，从水平技术溢出效应 hori 来看，一次项在 1% 的水平上高度显著为正，然而二次项却高度显著为负，这说明，FDI 水平技术溢出效应与一般贸易价值链地位存在先上升后下降的倒"U"型关系，即 FDI 水平技术溢出对我国国内同行业企业示范—模仿效应、竞争效应和人力资本流动效应以正面影响为主，促进了行业内一般贸易制造企业价值链地位的提升，但是随着时间的推移，三种效应的负面影响越来越突出，比如模仿效应可能由于本国企业吸收能力不够，对于外资企业生产的高技术产品，只能学到皮毛，做"表面文章"，激烈的竞争把弱势企业淘汰出局，以及人力资本流动后可能出现的各种"水土不服"，这些都导致了一般贸易价值链地位可能出现下降。第二，从后向技术溢出效应 back 来看，外资企业要求上游本土企业提供高标准高质量的中间产品，起初确实能够提高我国上游企业的技术水平，可能需要通过提供技术细节参数、派遣有关专家以及进行员工培训等方式帮助上游本土制造企业，使之利用较短的时间能够生产出符合要求的中间投入品，本土制造业企业技术水平由此得以提升，价值链地位也会因此提升。然而，一方面是为外资企业提供高质量的中间投入品，管理手段及人员配置都要与之有效配套，增加了本土企业的成本，这样对有关技术的研发投入就受到限制；另一方面由于本土企业自身的消化吸收能力不佳，管理手段及人员配置无法形成有效配套，可能会影响对先进技术的消化吸收，阻碍了价值链地位的有效提升。第三，从前向技术溢出 for 来看，外资企业通过向下游本土企业提供高质量高标准的中间产品，其产品技术标准相对更严格，技术水平和品质比较高，本土制造企业无意中使用了先进技术，提高了生产和出口产品的国内技术含量水平，对中国本土制造业价值链地位的提升有极大的促进作用，这一点从一次项在 1% 的水平上高度显著为正就可以明显地看出来，而且系数高达 2.133，但是到达临界值以后，则会起到阻碍一般贸易价值链地位提升的作用，主要是因为下游本土制造企业只能接受上游外资企业的中间产品，无法进行自身产品的研发和改造，而且自身消化吸收能力较弱，相应的配套跟不上，牢牢被锁定在低端制造环节，价值链地位由此大幅度下降。

总之，一般贸易价值链地位的影响因素中，研发强度和资本劳动比的影响都是显著为负，一般贸易价值链参与度对其价值链地位的影响是"先下降后上升"的"U"型变化趋势，水平技术溢出效应、前向技术溢出效应和后向技术溢出效应对一般贸易价值链地位的影响均呈现"先上升后下降"的倒"U"型变化趋势。

6.4.3　加工贸易情形

表 6-7 给出的是制造业以加工贸易形式嵌入全球价值链地位的回归结果。

表 6-7　　　　　　　　　　加工贸易情形回归结果

Variable	(1) ppos	(2) ppos	(3) ppos	(4) ppos
rd	−1.009 *** (−5.73)	−1.111 *** (−6.15)	−1.289 *** (−5.59)	−3.604 *** (−12.98)

续表

Variable	（1） ppos	（2） ppos	（3） ppos	（4） ppos
lnkl	− 0. 0327 *** （ − 18. 05）	− 0. 0327 *** （ − 17. 23）	− 0. 0171 *** （ − 8. 31）	− 0. 00231 （ − 1. 20）
ppat	0. 214 *** （34. 61）	0. 214 *** （33. 98）	2. 132 *** （37. 14）	2. 138 *** （22. 46）
fdis（hori）	− 0. 414 *** （ − 28. 92）	− 0. 417 *** （ − 28. 20）	− 0. 556 *** （ − 34. 86）	0. 0623 （0. 78）
back		0. 00228 （0. 09）	0. 0957 *** （4. 12）	− 0. 698 *** （ − 3. 96）
for		0. 0379 （1. 35）	− 0. 433 *** （ − 11. 19）	1. 210 *** （4. 27）
ppat2			− 1. 145 *** （ − 36. 84）	− 1. 123 *** （ − 21. 31）
hori2				− 0. 610 *** （ − 6. 69）
for2				− 8. 635 *** （ − 9. 79）
back2				2. 305 *** （5. 34）
_cons	0. 427 *** （26. 36）	0. 425 *** （24. 76）	− 0. 340 *** （ − 11. 57）	− 0. 571 *** （ − 13. 07）
N	117	117	117	117

注：各变量系数下面括号中的数字为系数的 t 统计值。***、**、* 分别表示在1%、5%和10%水平上显著。

首先是研发强度。无论在线性模型还是非线性模型中，研发强度 rd 均在1%的水平上高度显著为负，这一点与一般贸易情形是相似的，同样说明从研发强度来看，研发投入的增加对于本土制造行业价值链地位水平的提升产生了显著的负面影响，可能的原因也与一般贸易情形类似，本研究认为是我国基础研究投入强度过低与以市场换技术的引资政策共同作用的结果，本土制造企业的研发投入更多地集中于对外资企业技术的引进、模仿和消化，外资企业会凭借技术优势不断地推陈出新，本土企业一直被动地在不停地追赶，其研发投入的成果不断地被国外阶梯切入的先进技术所报废，不仅始终落后于外资企业，而且还消耗了经济系统里的资源，挤占了对本土出口产品的研发投入；除此之外，我国科技成果转化率低，仅为10%左右，远低于发达国家40%的水平，再加上我国对知识产权和专利的保护力度不够，这些都促成了研发投入增加却导致本土制造业出口国内技术含量下降即阻碍本土制造业价值链地位提升，从而也印证了张海洋（2005）、李小平和朱钟棣（2006）以及李宾（2010）关于R&D阻碍技术进步、技术效率及全要素生产率提升的发现。

其次是资本劳动比。资本劳动比 kl 从资本劳动比来看，线性模型中，资本劳动比的提高对本土制造业价值链地位的影响虽然不大，但是显著为负，在非线性模型中，即使控制了技术溢出效应的二次项以后，也是呈现线性负相关关系，但是系数明显降低，仅有 −0.00231，而且不显著。这说明资本劳动比阻碍了本土制造业价值链地位的提升，但影响不大，而且不明显。可能的解释是，资本劳动比在提高技术效率的同时，可能由于过度的投资和竞争，导致了投资收益率的不断下降，即资本劳动比降低了技术效率，进而阻碍了本土制造业价值链地位的提升，但幅度不大，也不明显。

再次是加工贸易价值链参与程度 ppat。无论是线性模型还是非线性模型，加工贸易价值链参与程度在1%的水平上高度显著为正，不过需要指出的是，当引入平方项后，加工贸易价值链参与程度的一次项系数增幅非常大，从线性模型中的0.214迅速增至非线性模型（3）和模型（4）中的2.13左右，但是虽然一次项为正，但二次项显著为负，这说明加工贸易价值链参与程度与加工贸易制造业价值链地位之间存在先升后降的倒"U"型关系，即随着加工贸易价值链参与程度的加深，以外资企业为主体的加工贸易价值链地位会上升，但是当达到临界值之后，加工贸易制造企业价值链地位会相应下降。

最后是三种 FDI 技术溢出效应，其与加工贸易价值链地位之间的关系各有不同。第一，从水平技术溢出效应 hori 来看，线性模型中，其在

1% 的水平上高度显著为负，然而控制了价值链参与程度和各细分技术溢出效应之后，一次项虽为正却不显著，二次项却显著为负，这说明 FDI 水平技术溢出效应会促使加工贸易价值链地位出现下降趋势，即外资企业原本相对本土企业就有很大的优势，在进入东道国后又针对东道国市场逐渐开展的一些本土化 R&D 活动，不断累积并且进一步增强了外资企业的竞争优势，外资企业强大的优势给行业内本土企业带来的竞争效应、模仿—示范效应以及人力资本流动效应带来一定的正面的促进作用，促进了行业内加工贸易制造企业价值链地位的提升，但是非常不显著。到达临界值以后，其"挤出效应"就会大于"溢出效应"，三种效应的负面影响越来越突出，比如模仿效应可能由于本国企业吸收能力不够，对于外资企业生产的高技术产品，只能学到皮毛，做"表面文章"，激烈的竞争把弱势企业淘汰出局，以及人力资本流动后可能出现的各种"水土不服"，这些都导致了一般贸易价值链地位的可能出现下降。第二，从后向技术溢出效应 back 来看，一次项高度显著为负，二次项高度显著为正，说明其与加工贸易价值链地位之间存在"U"型关系，可能的原因是外资企业要求上游本土企业提供高标准高质量的中间产品，本国上游企业起初不太适应，技术水平实力有限，管理手段及人员配置都要与之有效配套，增加了本土企业的成本，这样对有关技术的研发投入就受到限制；另一方面由于本土企业自身的消化吸收能力不佳，可能会影响对先进技术的消化吸收，阻碍了价值链地位的提升。后来，随着外资企业通过提供技术细节参数、派遣有关专家以及进行员工培训等方式帮助上游本土制造企业，本国上游企业管理手段和人员配置配套到位，消化吸收能力提高，技术水平由此得以提升，能够生产出符合要求的中间投入品，价值链地位由此提升。第三，从前向技术溢出 for 来看，外资企业通过向下游本土企业提供高质量高标准的中间产品，其产品技术标准相对更严格，技术水平和品质比较高，本土制造企业无意中使用了先进技术，提高了生产和出口产品的国内技术含量水平，对中国本土制造业价值链地位的提升有极大的促进作用，这一点从一次项在 1% 的水平上高度显著为正就可以明显看出来，但是到达临界值以后，则会起到阻碍加工贸易价值链地位提升的作用，主要是因为下游本土制造企业只能接受上游外资企业的中间产品，无法进行自身产品的研发和改造，而且自身消化吸收能力较弱，相应的配套跟不上，被牢牢锁

119

定在中低端制造环节，使得其价值链地位显著下降。

综合看来，模型的检验结果表明，研发强度对加工贸易价值链地位产生了较为显著的阻碍效应，资本劳动比对加工贸易价值链地位的阻碍效果并不明显，价值链参与度对加工贸易价值链地位的影响也呈现倒"U"型非线性变化走势，FDI 水平技术溢出效应与加工贸易价值链地位之间主要存在负相关的线性关系，前向技术溢出会对加工贸易价值链地位的影响呈现倒"U"型非线性关系，而后向技术溢出与加工贸易价值链地位之间主要是存在"U"型非线性关系。

6.5　本 章 小 结

本章是对增加值贸易统计下中国制造业价值链地位影响因素的实证研究部分。首先，本章构建了线性模型和非线性模型共两类四个模型，以备检验；接着详细解释了被解释变量和解释变量，并说明了其数据来源；然后是选择计量方法，由于设定的模型不同，分别选择固定效应和随机效应模型，最后是实证结果及分析。

实证结果及分析部分，由于被解释变量有三个，需要分批次进入模型，所以结果是分别呈现的。第一种情况，当以出口国内技术含量作为被解释变量时，显然，非线性模型比线性模型的回归结果更为准确，研发强度高度显著为负，资本劳动比为正但不显著，水平技术溢出效应和前向技术溢出效应与价值链地位之间存在"先上升后下降"的倒"U"型关系，后向技术溢出效应对价值链地位呈现积极的促进作用；第二种情况，以一般贸易价值链地位指数作为被解释变量时，研发强度和资本劳动比的影响都是显著为负，一般贸易价值链参与度对其价值链地位的影响是"先下降后上升"的"U"型变化趋势，水平技术溢出效应、前向技术溢出效应和后向技术溢出效应对一般贸易价值链低为的影响均呈现"先上升后下降"的倒"U"型变化趋势；第三种情况，当以加工贸易价值链地位指数为被解释变量时，FDI 水平技术溢出效应与加工贸易价值链地位之间主要存在负相关的线性关系，前向技术溢出会对加工贸易价值链地位的影响呈现倒"U"型非线性关系，而后向技术溢出与加工贸易价值链地位之间主要是存在"U"型非线性关系，此外，研发强度对加工贸易价值链地位产生了较为显著的阻碍效应，资本劳动比对加工贸易价值链地位的阻碍效果并不明显。第一种以出口国内技术含量作为被解释变量，即用之衡量价值链地位，准确性值得考察，因为其数据统计是以总值贸易数据为基础，后来采用了增加值贸易统计法的思想逐步剔除后得到，而且并未区分加工贸易和一般贸易，所以相比来讲不如后两种更具体、更科学。

第7章 增加值贸易统计下"一带一路"倡议促进中国制造业价值链地位提升的机理与实证研究

中国政府于 2013 年提出的"一带一路"倡议最核心的就是要构建互利共赢的开放合作理念,互利共赢的实质就是优势互补。如何让互利共赢的思想真正落实到"一带一路"建设中呢?就是与"一带一路"沿线国家构建区域价值链。本章主要使用增加值贸易统计方法来分析与"一带一路"沿线国家构建区域价值链对中国制造业价值链地位提升的推动作用。本章首先回顾了相关文献,接着介绍了"一带一路"倡议促进中国制造业价值链地位提升的机理,然后构建了相应的计量模型,采用增加值贸易数据进行了计量检验,最后指出了"一带一路"倡议下中国制造业价值链地位提升的路径。

7.1 相关文献回顾

"一带一路"倡议是 2013 年提出的,时间并不长,但是研究文献数量却不少,而关于全球价值链问题的研究从 20 世纪 80 年代左右就已经开始了,中国制造业价值链地位问题一直是学界和理论界关注的热点和重点所在,文献资料也是相当丰富的,然而目前将"一带一路"和中国制造业价值链地位相结合的文献却并不多。

7.1.1 "一带一路"倡议与全球价值链

目前少数研究"一带一路"倡议和全球价值链关系的文献主要从

以下两个方面展开：一是中国和沿线国家是否具备合作构建新的全球价值链的条件；二是与沿线国家合作构建新的全球价值链是否能推动中国的产业转移和升级。

孟祺（2016）认为在现有跨国公司主导的全球价值链中，中国面临着劳动力成本上升和落入"价值链低端锁定"的风险，中国有必要也有能力与"一带一路"沿线国家构建中国自身主导的全球价值链；林桂军（2016）以中国装备制造业为研究对象，提出除了积极融入发达国家主导的全球价值链之外，还可以通过发挥本国市场容量大和最终产品组装地的优势，进口中间品进行加工组装，以此构建中国企业自身主导的全球价值链；黄先海和余骁（2017）认为中国应该充分利用"一带一路"倡议可能引致的全球第四次产业转移浪潮，与沿线国家合作构建中国为核心的新的"嵌套型"全球价值链，形成价值链双环流模式，以突破现有全球价值链中被"低端锁定"的不利境地。

当然，也有部分学者提出不同的意见和观点，在 2016 年北京大学举办的"黉门对话"专家主题论坛——"全球价值链：'一带一路'与中国新机遇"，北京大学经济学院副教授薛旭以汽车产业为例，指出我国汽车产业依托的国内市场大，组装数量也多，虽然经过多年的发展，却仍然缺乏竞争力，显然无法通过市场及加工组装构建中国企业为中心的全球价值链，更无法实现价值链地位的提升。

但总体来看，相关文献中多数认为应该构建以中国企业主导的全球价值链，但是需要经过一个较长的过程。

7.1.2 "一带一路"倡议与区域价值链

关于"一带一路"倡议与区域价值链关系的研究发端于区域价值链与全球价值链的联系与互动研究。最早将全球价值链与区域价值链并列进行讨论的是鲍德温（Baldwin，2012）。鲍德温（2012）认为，目前看来，产品价值创造各环节更多呈现的是区域化特征，全球化特征其实并不明显；鲍德温（2013）研究发现，目前世界范围内产品价值链主要以美国、德国、日本和中国这四大"巨头"为核心，并逐渐形成了北美、欧洲和亚洲区域价值链这三大区域价值链；除了这四大巨头组建的三大区域价值链之外，其他国家很难突破限制，跨区域嵌入其他区域价值链，所以一般会就近选择嵌入某一条区域价值链；"一带一路"倡议的提出，相当于给沿线国家发出邀请，期待以此为契机，实现区域内各国共同发展，并以此来巩固和提高自身在区域价值链中的地位。张辉（2015）将区域价值链和全球价值链纳入了统一的价值链"双环流"体系，魏龙和王磊（2016）也提出中国应该从嵌入全球价值链过渡到主导区域价值链。

另有部分学者试图通过解读金融危机后不同国家海外需求的变化来解释区域价值链的兴起。莫里斯（Morris，2011）指出金融危机后发达国家进出口降幅明显，新兴国家进出口贸易增长迅速，这种强烈的反差反映在市场中就是加速了主要市场由北方国家向南方国家的转换，进一步激励了发展中国家龙头企业对区域价值链的构建，比如在非洲地区形成的成衣制造区域价值链，由南非本土零售企业主导，莱索托和斯威士兰的制造商参与；与美国主导的全球价值链相比，这一区域价值链依托非洲地区区域内厂商的直接联系，能够加快对市场需求的反应速度，缩短产品的运营流程，而且当价值链的终端市场变为新兴国家后，还产生了明显的产业升级机会。

从某种程度上讲，新兴国家旺盛的需求与区域价值链提供的产业升级机会，与"一带一路"倡议化解过剩产能、带动经济转型升级的初衷一致。

7.1.3 "一带一路"倡议下区域价值链与全球价值链的关系

张辉（2015）提出了价值链"双环流"体系，所谓"双环流"，一个是中国与欧美日等发达国家之间的全球价值链环流，另一个是中国与亚非拉等发展中国家之间的区域价值链环流；前者为发达国家主导，中国在其中可以进一步吸收先进技术，后者是中国借"一带一路"倡议建立，中国在其中能够完成产业地位的提升。魏龙和王磊（2016）指出长期以来中国都是全球价值链的参与者，"一带一路"倡议给中国提供了机遇，中国可以利用这次机会从欧美日主导的全球价值链中的"嵌入者"转变为新的区域价值链中的"主导者"。

此外，还有一些学者提出了国家价值链（国内价值链），并研究国家价值链和全球价值链的关系。徐建明（2003）提出了延长我国加工贸易国家价值链的观点；刘志彪和张少军（2008）提出应对接全球价值链形成国家价值链，完成产业升级和区域协调发展；张少军（2009）进一步测算了广东省和江苏省的全球价值链和国家价值链并进行了比较；高煜和杨晓（2012）主要研究了全球生产非一体化和东部地区代工发展模式下如何构建国家价值链；而张少军和刘志彪（2013）发现中国目前形成的全球价值链和国家价值链存在负相关，国家价值链并没有有效对接全球价值链；黎峰（2016）从增加值视角基于改进的区域投入产出模型对中国国家价值链的构建进行了理论和实证研究。

但是这些文献大多强调用国家价值链或区域价值链来取代全球价值链，本研究认为目前看来这两种做法都不太可取。如果用国家价值链来替代全球价值链，某种程度而言，有点类似进口替代战略，用区域价值链来取代全球价值链，目前条件还不太成熟，毕竟全球价值链是存在多年相对比较成熟的体系；少数文献提出两者并行存在，这种观点相对比较现实，但是本研究认为并行之后，还应该借助区域价值链或国家价值链来回嵌到全球价值链中，最终实现在全球价值链中地位的有效提升。

需要特别注意的是，本研究提出的 "一带一路" 倡议下中国主导的区域价值链建设，不仅是后金融危机时代对贸易利得的简单争取，更是对制造业产业升级和价值链中高端发展机会的把握。主导区域价值链并不是我们的目标，我们的目标是实现中国制造业在全球价值链中地位的有效提升，所以在构建了 "一带一路" 区域价值链并成功实现主导以后，最终还要考虑回嵌到全球价值链中，并实现在全球价值链中地位的有效提升，那么与 "一带一路" 沿线国家构建中国自身主导的区域价值链是否有利于推动中国制造业全球价值链地位的提升，这才是本研究更为关注的内容。针对这个问题，本研究在后面的两节中将进行论述和探讨。

7.2 机 理 分 析

7.2.1 中国制造业在全球价值链中被 "低端锁定" 的机理

（1）微笑曲线。价值链各环节可以划分为一系列性质不同的价值活动，研发设计、技术创新、关键零部件制造、标准零部件生产、加工组装、物流管理、市场营销、品牌经营、售后服务和循环回收利用等。能产生较高利润的环节增加值能力较强，而利润较低的环节增加值能力则比较弱；不同国家和地区的企业凭借自身的能力和优势分布于价值链上各个不同的环节，并获得不同的利润：进入壁垒较高的环节能产生较高的利润，由此能够给处于该环节的国家和地区的厂商带来较高的收益回报，而进入壁垒比较低的环节往往竞争激烈，处于此环节的国家和地区的厂商往往收益也比较低。

一般来说，从产品的研发设计、技术创新和关键零部件制造，到标准零部件生产、加工组装，到市场营销和物流管理，再到品牌经营、售后服务和循环回收利用的一个产品价值链的连续全过程中，产品的附加值会呈现"高—低—高"的先下降后上升的"U"型趋势，通常形象地称为"微笑曲线（Smiling Curve）"（见图7-1）。[①]

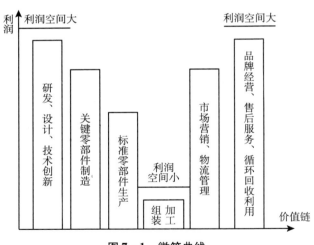

图7-1　微笑曲线

位于"微笑曲线"不同阶段的企业，凭借掌控的资源获得不同的收益。处于"U"型曲线左端的企业，凭借其掌握的专利、技术、研发等资源占据在设计研发领域的领先地位，再加上较高的研发成本、严格

① 施振荣：《再造宏基：开创、成长与挑战》，中信出版社2005年版。

的知识产权保护和高端专业人才需求等条件形成该领域较高的进入壁垒；处于微笑曲线右端的企业，凭借其拥有和掌控的品牌优势、市场占有率、市场销售渠道、以市场为依托建立起来的消费者信息库以及对市场反馈信息的收集与快速反应机制等条件，筑起了进入产品销售市场的壁垒，为自己带来了较高的回报；而微笑曲线的中段是产品的加工组装阶段，由于使用的技术较为成熟、生产工序的标准化程度也比较高，此阶段的进入门槛相对比较低，从而使得处于该阶段的企业仅获得较低的回报。因此，当国际分工逐渐深化到产品内部价值链不同环节的空间跨国分布时，利润也越来越向无形的知识技术与稀缺资源密集型环节累积，国际分工的利益分配呈现不断向价值链两端倾斜的趋势。

（2）中国制造业在全球价值链中被"低端锁定"的机理。理论上来讲，不少文献认为发展中国家在全球价值链中可以顺序实现地位的自动提升。整个价值链升级是从工序升级开始，顺序完成产品升级和功能升级，最后是链条升级或部门间升级，这种升级路径与国内经常提到的从 OEA—OEM—ODM—OBM 是一致的。

然而，事实上，很多发展中国家很少能实现价值链地位的自动提升，甚至不仅没有顺利实现向全球价值链高端环节的攀升，反而出现了在全球价值链中被牢牢地"低端锁定"的现象。

如图 7-2 所示，发达国家跨国公司凭借在资本、技术等方面的优势占据微笑曲线两头的高端环节——前端的研发设计、技术创新和核心零部件的生产；后面的市场营销、物流管理、品牌经营、售后服务和循环回收利用等增加值较高的环节，在现有的全球价值链分工中占据主导地位，能获得较高的分工利益和要素报酬，这些跨国公司实际上已经成为拥有庞大市场势力的寡头；以中国为代表的广大的发展中国家在全球价值链中从事的是中间的加工组装和标准零部件制造等低端的劳动密集型和资源密集型工序和环节，缺乏产品国际市场价格话语权。

在此情形下，中国制造业要想实现全球价值链中地位的提升，必然被"全面打压"，不仅被"前后夹击"，即受到前端负责研发设计和核心零部件生产的供应商以及后端负责品牌、市场营销及售后服务的销售商的双重制约，还会由于发达国家主观上也不希望看到发展中国家地位升级，往往凭借自身的技术优势对发展中国家实行技术壁垒及各种技术封锁，于是以中国为代表的发展中国家只能被牢牢地锁定在价值链的低端，出口价格偏低，贸易条件长期呈现恶化趋势，与发达国家收入差距不断扩大，在国际分工中处于被控制、被俘获的地位，不仅国内要素配置扭曲，产业结构也被锁定，即在全球价值链中被牢牢地"低端锁定"。

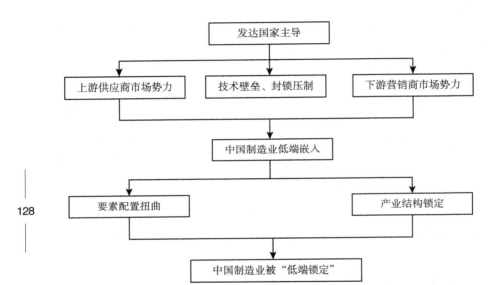

图 7-2　中国制造业在全球价值链中被"低端锁定"的机理

7.2.2 "一带一路"倡议下中国制造业价值链地位提升的机理

"一带一路"倡议是在中国经济"新常态"背景下提出的，其战略思路形成于2013年，完善于2014年，实施于2015年。中国提出的"一带一路"倡议以"互联互通"为主要内容，旨在打造"和平、发展、共赢"的区域经济伙伴关系。"一带一路"倡议的"互联互通"主要包括政策沟通、设施联通、贸易畅通、资金融通和民心相通五个方面，即"五通"。其中贸易畅通是"一带一路"建设"五通"之中的重要推进内容（见图7-3）。

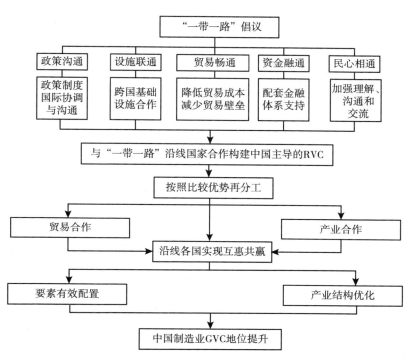

图7-3 "一带一路"倡议与中国制造业价值链地位提升路径的机理分析

如果中国能够与"一带一路"沿线国家构建区域价值链并成功实现主导,那么,在这个新的"一带一路"区域价值链中,以"五通"即"政策沟通、设施联通、贸易畅通、资金融通和民心相通"为基础和支撑,要素流动和配置范围不再局限于一个国家或地区,而是可以跨越国界在区域范围内自由流动。中国与区域内沿线国家或地区可以按照各自的比较优势在新的区域价值链中展开有效的分工合作:一方面,通过扩大与区域内国家和地区的进出口贸易,互通有无,特别是扩大从沿线国家和地区的进口,在加强彼此之间的经贸联系的同时,使沿线国家和地区充分享受到贸易合作的利益;另一方面,结合各沿线国家产业发展的实际情况,因地制宜,可以将国内已经不具备比较优势或即将失去比较优势的边际产业(劳动密集型生产制造环节)有选择地进行转移,通过有效的产业转移,深化供应链、价值链上下游合作,帮助其融入区域合作分工体系,推动上、中、下游全产业链深度合作,在区域内形成优势互补的产业网络和经济体系,提高其产业水平,进而加快其工业化进程。对于区域内的"一带一路"沿线国家和地区来说，扩大与中国的进出口贸易合作能获得直接的"立竿见影"的贸易利益，即短期内即可受益，而承接中国转移的产业则有助于本国产业水平的提高，有利于加快本国的工业化进程，即在中长期受益，总之，如果能够与中国合作构建中国主导的区域价值链，"一带一路"沿线国家将能够更多地享受到实实在在的好处和切实的经济利益，从而与中国实现平等合作，互惠共赢，共同进步，共同发展。

对于中国来说，在与"一带一路"沿线国家合作构建的新的中国自身主导的区域价值链中，中国之前在全球价值链中的被动参与者角色将发生转变，由被动的全球价值链嵌入者转变为区域价值链主动的领导者。由于没有了发达国家的封锁、约束和压制，通过贸易和产业转移，中国将根据新的要素禀赋结构和比较优势在这条区域价值链中获得新的分工环节，从劳动密集型等低端产业和生产环节向技术密集型和知识密集型等中高端制造业和生产环节集中，中国之前在发达国家主导的全球价值链分工中被扭曲的要素资源此时将重新得到有效的配置，从而使得中国自身的产业结构得到优化，进而在技术密集型和知识密集型等中高端制造业上的优势得到进一步的提升和强化。

随着整个过程的不断推进，中国制造业在中高端制造产业和生产环节的比较优势越来越突出，进而在区域价值链中牢牢占据主导地位；随着中国制造业在技术密集型和知识密集型产品生产和生产环节中积累了丰富的经验后，比较优势得到进一步的强化。当然，构建中国自身主导的区域价值链，并不是想完全替代现有的全球价值链，而且在可以预见的将来，要想完全替代全球价值链难度还是比较大的，因此区域价值链可以与全球价值链并存，即"双环流"是比较现实的，所以必须考虑回嵌到全球价值链中，由于中国在与"一带一路"沿线国家构建的区域价值链中得益于再分工，比较优势已经转向了技术密集型和知识密集型等中高端制造业和生产环节，基本上突破了发达国家的技术壁垒和各种封锁压制，在中高端制造业和生产环节中有了"一席之地"，有实力与发达国家"分庭抗礼"，由此在原有的全球价值链中的地位已经顺利提升，即成功实现了向全球价值链中高端环节的攀升。

7.3 实 证 研 究

改革开放以来,中国制造业 GVC 参与度已经在不断上升,与此同时,无论是以本土制造业出口国内技术含量来衡量中国制造业的价值链地位,还是直接测算中国制造业的 GVC 地位指数,结果显示中国制造业的 GVC 地位发生了一定的提升,中国提出的"一带一路"倡议旨在加强中国与"一带一路"国家的密切联系,那么中国与"一带一路"国家之间的贸易往来是否会显著影响中国制造业的全球价值链地位呢?如果答案是肯定的,那么影响程度有多大呢?如果答案是否定的,更是要探究其中深层次的原因,找到问题的症结所在,采取措施进行针对性处理,有利于更好地发挥"一带一路"倡议对中国制造业价值链地位提升的积极作用。这也是本章关注的重点所在,下面将进行实证分析。

7.3.1 计量模型的构建

本部分重点关注"一带一路"倡议的实施对中国制造业价值链地位提升影响的实证检验。有鉴于此,结合前面的机理分析,本章选取了中国与"一带一路"国家制造业的进出口贸易额作为解释变量,中国制造业价值链地位指数作为被解释变量,设定了如下基本的计量模型(7.1):

$$\text{GVCpos}_{it} = \alpha + \beta \ln \text{MGT}_{it} + \mu_i + \varepsilon_{it} \tag{7.1}$$

其中,GVCpos 为中国制造业 8 个细分行业在各年度的价值链地位指数,lnMGT 为对数化处理后的中国与"一带一路"沿线国家制造业的进出口贸易额,α 为常数项,β 为回归系数向量,μ_i 表示不随时间改变的行业非观测异质性,控制所忽略的行业层面因素的影响,ε_{it} 是随机误差项。

然而,现实生活中影响中国制造业价值链地位的因素有很多,除了中国与"一带一路"沿线国家制造业的进出口贸易额之外,还有一些其他因素也很重要,比如价值链参与指数(GVCpar)、资本劳动比(KL)、研发(RD)以及人力资本投入(HU)等,于是本章尝试将这些因素作为控制变量，逐步纳入计量模型，得到式（7.2）：

$$GVCpos_{it} = \alpha + \beta lnMGT_{it} + \gamma CTR_{it} + \mu_i + \varepsilon_{it} \qquad (7.2)$$

上述研究是基于影响效果是线性的假设之下的，然而现实生活中，中国制造业价值链地位的提升与"一带一路"倡议的推进之间还有可能存在非线性关系，现有文献尚未考虑到这种情形，本章将解释变量的平方项也纳入计量模型，来分析"一带一路"倡议的实施与推进对中国制造业价值链地位提升的影响的非线性特征，具体构造的计量模型如下：

$$GVCpos_{it} = \alpha + \beta_1 lnMGT_{it} + \beta_2 (lnMGT_{it})^2 + \mu_i + \varepsilon_{it} \qquad (7.3)$$

$$GVCpos_{it} = \alpha + \beta_1 lnMGT_{it} + \beta_2 (lnMGT_{it})^2 + \gamma CTR_{it} + \mu_i + \varepsilon_{it} \qquad (7.4)$$

7.3.2 变量的选取

（1）被解释变量。计量模型所选取的被解释变量为中国制造业 8 个细分行业的价值链地位指数 GVCpos。不同于现有文献大多选用生产率、技术进步以及 R&D 投入等指标作为被解释变量的做法，本研究选取的是中国制造业的价值链地位指数作为被解释变量。具体原因是本章主要目的是考察"一带一路"倡议的实施推进对中国制造业价值链地位是否产生了影响，以及影响的程度如何。

（2）解释变量。关于计量模型中解释变量的选择，考虑到本部分重点考察"一带一路"倡议的实施推进对中国制造业价值链地位是否产生了影响以及影响的程度如何，但是"一带一路"倡议不便量化从而无法直接纳入计量模型，考虑到中国与"一带一路"沿线国家之间密切联系主要渠道之一就是通过进出口贸易，所以在此选择中国与"一带一路"沿线国家制造业的进出口贸易总额作为解释变量，对数化处理以后进入模型。

（3）控制变量。中国制造业价值链地位总体不高，但是已经有了一定程度的提升，这是现有文献多数认可的观点和结论，但是中国制造业价值链地位提升的成功实现是有条件的，受一系列因素的影响和制约。因此，为了模型的稳健性，参考现有多数文献的处理方法，本章将一系列的控制变量纳入模型，主要包括中国制造业参与度指数 GVCpar、制造业细分行业的资本劳动投入比例 KL、研发投入 RD、人力资本投入

HU 以及外国直接投资 FDI。

之所以加入这些控制变量，主要是考虑到中国制造业参与度指数 GVCpar、制造业细分行业的资本劳动投入比例 KL、研发投入 RD、人力资本投入 HU 以及外国直接投资 FDI 等均可能影响中国制造业的价值链地位水平，而且加入控制变量后，可以在很大程度上避免结果有偏的问题，另外采用比值作为变量引入计量模型，可以在一定程度上消除价格差异和统计口径不同所产生的影响。

7.3.3　数据来源与计量方法的选择

（1）样本选取。在样本期间选取上，本章使用的数据主要来自 OECD 和 WTO 联合发布的 TiVA 数据库及 OECD – ICIO2018，具体包括了对全球贸易影响较大的 64 个国家和地区①的国际贸易数据，时间跨度从 1995 ~ 2015 年，其中在 64 个国家和地区中，除了中国以外，属于"一带一路"沿线国家和地区的有 26 个②。

考虑到 2001 年底中国正式加入 WTO，"入世"后中国的国内外贸易和投资环境发生了较大的变化，因此本章以 2005 年为研究的起始点，考虑到所有数据的可获得性和统计口径的一致性，本章最终选取了 2005 ~ 2013 年作为样本期间，主要分析 2005 ~ 2013 年中国与"一带一路"沿线国家的进出口贸易对中国制造业价值链地位提升的影响。

在数据类型上，由于面板数据相比时间序列和截面数据来说有多方面的优点，因此，借鉴近年来多数文献的做法，本章主要使用中国制造业 8 个细分行业的面板数据进行分析。

---

① 这 64 个国家和地区分别是：澳大利亚、奥地利、比利时、加拿大、智利、捷克、丹麦、爱沙尼亚、芬兰、法国、德国、希腊、匈牙利、冰岛、爱尔兰、以色列、意大利、日本、韩国、拉脱维亚、卢森堡、墨西哥、荷兰、新西兰、挪威、波兰、葡萄牙、斯洛伐克、斯洛文尼亚、西班牙、瑞典、瑞士、土耳其、英国、美国、阿根廷、巴西、文莱、保加利亚、柬埔寨、中国、哥伦比亚、哥斯达黎加、克罗地亚、塞浦路斯、中国香港、印度、印度尼西亚、立陶宛、哈萨克斯坦、马来西亚、马耳他、摩洛哥、秘鲁、菲律宾、罗马尼亚、俄罗斯、沙特阿拉伯、新加坡、南非、中国台湾、泰国、突尼斯和越南。

② 除了中国以外，26 个"一带一路"沿线国家和地区分别是：捷克、爱沙尼亚、希腊、以色列、拉脱维亚、波兰、斯洛伐克、斯洛文尼亚、土耳其、文莱、保加利亚、柬埔寨、克罗地亚、塞浦路斯、印度、印度尼西亚、立陶宛、哈萨克斯坦、马来西亚、菲律宾、罗马尼亚、俄罗斯、沙特阿拉伯、新加坡、泰国和越南。

在产业选择上，TiVA 数据库及 OECD - ICIO2018 中涉及的行业有 34 个，其中制造业有 9 个，为了保证统计口径的连续性，同时考虑到数据的可获得性和完整性，根据 TiVA 数据库及 OECD - ICIO2018 行业分类与中国国民经济行业分类和中国国家投入产出表的对应关系，剔除了"其他制成品和回收设备制造业"，选定了 8 个细分制造业[①]的数据，最终得到了包含了 8 个二维码制造业部门的观测值，如表 7 - 1 所示。

表 7 - 1　　　　　　　　合并后制造业行业代码及名称

合并后行业代码	合并后行业名称
1	食品、饮料及烟草制造业
2	纺织品、皮革和鞋制造业
3	木材、纸张、纸制品、印刷和出版制造业
4	化学品和非金属矿产品业
5	基本金属和金属制品业
6	机械设备制造业
7	电气和光学设备制造业
8	运输设备制造业

资料来源：笔者自行整理制作。

（2）数据来源及说明。被解释变量中国制造业价值链地位 GVCpos、解释变量中国与"一带一路"沿线各国制造业的进出口贸易总额 ln-MGT 和各控制变量的数据来源如下所述。

①被解释变量。被解释变量中国制造业价值链地位 GVCpos，其计算中要求使用的主要数据是中国制造业 8 个细分行业出口中包含的间接增加值和国外增加值。中国制造业细分行业出口贸易总额及各增加值数据均来自 OECD - WTO 联合发布的 TiVA 数据库及 OECD - ICIO2018 和对外经济贸易大学全球价值链研究院的 UIBE GVC Index。但是需要特别说明的是，考虑到现有数据的数量、质量和性质，以及中国与"一带一

---

① 这 8 个细分制造业行业分别是：食品饮料及烟草制造业、纺织品皮革和鞋制造业、木材纸张纸制品印刷和出版制造业、化学品和非金属矿产品业、基本金属和金属制品业、机械设备制造业、电气和光学设备制造业、运输设备制造业。

路"沿线国家贸易的现实情况，经过检验以后，此处没有再区分加工贸易和一般贸易，而是选用根据未区分的数据计算得出的 GVCpos 直接进入模型。

②解释变量。解释变量是取对数以后的中国与"一带一路"沿线各国制造业的进出口贸易总额，即 lnMGT，数据也来自 OECD – WTO 联合发布的 TiVA 数据库及 OECD – ICIO2018。目前关于考虑到样本的代表性、数据的可获得性以及统计口径的一致性和可比性，本章选取该数据库中 26 个"一带一路"沿线国家为代表，中国与这 26 个国家的进出口贸易即视为中国与"一带一路"沿线 64 个国家的进出口贸易。

③控制变量。中国制造业价值链参与度 GVCpar 计算中要求使用的主要数据是中国制造业 8 个细分行业出口中包含的间接增加值和国外增加值。中国制造业细分行业出口贸易总额及各增加值数据均来自 OECD – WTO 联合发布的 TiVA 数据库及 OECD – ICIO2018。

研发投入比例 RD 主要使用 R&D 经费和企业主营业务收入数据，其数据来源于 2005 ~ 2013 年各年度《中国科技统计年鉴》中的分行业大中型制造企业（由于资料来源限制，2008 年以及 2011 年为全部国有及规模以上制造业企业）R&D 经费占主营业务收入比重的统计值。

资本劳动投入比例 KL 主要使用资本数据和劳动数据。其中，资本数据采用 2005 ~ 2013 年各年度《中国统计年鉴》按行业分全部国有及规模以上非国有工业企业固定资产净值统计值，公式为固定资产净值 = 固定资产原价 – 累计折旧，由于皆以当年人民币价格计算，为了增强各年度可比性，在此以 1990 年固定资产投资价格指数为 100 进行修正，各年度固定资产投资价格指数同样来自各年度《中国统计年鉴》；模型中所使用的劳动数据采用 2005 ~ 2013 年各年度《中国统计年鉴》按行业分全部国有及规模以上非国有制造业企业全部从业人员年平均人数统计值。

外国直接投资溢出效应 FDIS 具体体现为水平和垂直技术溢出两种情况，其中水平技术溢出效应，本章选择了目前应用广泛的 Hori（外资工业总产值与行业总产值之比）来进行测度，而垂直技术溢出又可以分为前向技术溢出 For（上游行业中外资比重的加权和）和后向技术溢出 Back（下游行业中外资比重的加权和）。计算中所用到的各制造业分行业全部规模以上工业企业以及外商投资和港澳台商投资工业企业的工业总产值（当年价格，亿元）来自各年度《中国工业经济统计年鉴》；全部及外资行业从业人员年平均数（万人）来自各年度《中国统计年鉴》；直耗系数来自 2007 年和 2012 年《中国投入产出表》，Back 和 For 的两个系数矩阵都进行了处理，即将对角线元素全部替换为零，以剔除行业内情况。

投入产出数据，主要来自中国国家统计局国民经济核算司编制的 2007 年中国投入产出表和经济合作与发展组织（OECD）和欧盟（EU）的投入产出数据库。需要特别说明的是，中国的投入产出表官方每 5 年编制一次，2005～2013 年适用的是 2007 年和 2012 年投入产出表，因此本章中假定各行业间的结构短期内不会发生太大的改变，也即这 7 年产业的关联程度不会发生太大的改变，因此本章中使用 2007 年和 2012 年的投入产出表来构造 2005～2013 年产业间的关联关系。

（3）计量方法的选用。上述所有变量包括被解释变量 GVCpos、解释变量 lnMGT 以及控制变量 GVCpar、FDIS、KL 和 RD 的统计性描述如表 7－2 所示。

表 7－2　　　　　　　　　　变量的统计性描述

Variable	Obs	Mean	Std. Dev	Min	Max
GVCpos	72	0.042475	0.1346391	－0.373	0.242
lnMGT	72	9.951851	1.044645	7.834075	12.058832
GVCpar	72	0.755725	0.311966	0.689	0.82
lnKL	72	6.30656	0.6142153	4.679155	7.464911
RD	72	0.0076257	0.0032759	0.001092	0.171791
FDIS	72	0.3331321	0.1234508	0.1747857	0.6141451

资料来源：笔者自行整理绘制。

由于实证模型中有多个解释变量，理论而言，各解释变量间可能存在一定的相关性，进而可能会导致多重共线性问题。因此，进行回归分析前首先要对各变量进行相关性检验。观察各变量的相关系数可知，如果两个变量之间存在较高的共线性，则应或从模型删去或者分别进入模型进行处理。

观察表 7－3 中各变量的相关系数可知，六个变量的 Pearson 相关系数均低于共线性存在的门槛值 0.7（Lind et al，2002），因此可以全部进入模型。

表7-3 各变量间的 Pearson 相关系数

Variable	GVCpos	LnMGT	GVCpar	RD	LnKL	FDIS
GVCpar	1.000					
LnMGT	0.5961	1.0000				
GVCpar	-0.5236	-0.1281	1.0000			
RD	0.1100	-0.0278	-0.1161	1.0000		
lnKL	0.0721	0.2449	-0.1185	0.0773	1.0000	
FDIS	0.3291	0.1739	-0.5886	0.1799	0.1681	1.0000

资料来源：笔者自行整理绘制。

接下来需要判定模型的类型。面板数据模型一般可以划分为三类，分别为变系数模型、变截距模型和不变系数模型。各模型的回归形式分别为：

①变系数模型，其回归形式为：

$$Y = \alpha_i + X_{it}\beta_i + \mu_{it}, \quad i = 1, \cdots, N; \quad t = 1, \cdots, T \quad (7.5)$$

②变截距模型，其回归形式为：

$$Y = \alpha_i + X_{it}\beta + \mu_{it}, \quad i = 1, \cdots, N; \quad t = 1, \cdots, T \quad (7.6)$$

③不变系数模型，其回归形式为：

$$Y = \alpha + X_{it}\beta + \mu_{it}, \quad i = 1, \cdots, N; \quad t = 1, \cdots, T \quad (7.7)$$

如果要判断样本数据究竟符合哪种模型，严格来讲，需要利用协方差分析构造如下 F 检验统计量：

$$F_1 = \frac{(S_2 - S_1)/[(N-1)K]}{S_1/[NT - N(K+1)]} \sim F[(N-1)K, \ N(T-K-1)]$$

$$F_1 = \frac{(S_2 - S_1)/[(N-1)(K+1)]}{S_1/[NT - N(K+1)]} \sim F[(N-1)(K+1), \ N(T-K-1)]$$

式中，S_1，S_2，S_3 分别为方程（7.5）、方程（7.6）和方程（7.7）的残差平方和，具体判断方法为：先检验 F2，如果 F2 大于等于某置信度（95%）下同分布的临界值时，则拒绝方程（7.7），否则采用方程（7.7）；如果拒绝方程（7.7），则继续检验 F1，同理，如果 F1 大于等于置信度（95%）下的同分布临界值，则拒绝方程（7.6），采用方程

（7.5），如果 F1 小于置信度（95%）下的同分布临界值，则采用方程（7.6）。

经过检验，本章设置的计量模型（7.1）~ 模型（7.4）均应采用方程（7.6），即适用变截距模型。

还需要选择具体的估计方法。作为面板数据，当然可以直接进行混合回归，混合回归假设不存在个体效应，对于面板数据来说，显然不是太合适，但是考虑到可以将混合回归结果作为一个基准检验来做对照，而个体效应通常以固定效应和随机效应这两种不同的形态存在，所以必须要进行进一步的统计检验。

所以常用的面板数据的估计方法主要有两种：随机效应（RE）模型和固定效应（FE）模型。理论上，如果截面单位是总体所有单位，固定效应模型比较合适；如果截面单位是从总体中随机抽出的一部分，则选择随机效应模型更为合适。本章的研究对象是 8 个制造行业，固定效应模型较为合理，但是还是需要运用 Hausmann 检验来进行具体判定。

由于样本数据聚类稳健标准差和普通标准差相差较大，传统的 Hausmann 检验不再有效，需要手工做辅助回归，然后再使用聚类稳健的标准差来检验原假设。回归结果显示 p 值为 0.0000，因此强烈拒绝原假设，即拒绝随机效应，应该选择固定效应模型。

接下来，经过异方差检验，得到结果 Prob > chi2 = 0.0000，说明面板数据存在异方差；在检验是否存在截面相关时，Frees、Pesaran 和 Friedman 三种检验方法，结果均显示不存在截面相关。考虑到样本数据存在截面的异方差，本章采用了 GLS（广义最小二乘法）方法进行修正。

为了更好地对计量结果进行比较，本章先进行了 OLS 混合回归，接着固定效应回归，最后用 GLS 对检验出的截面异方差问题进行了修正并列出结果，计量回归结果如表 7 - 4 至表 7 - 6 所示。

表 7 - 4 计量回归结果 1（混合 OLS 回归）

Variable	(1) GVCPos	(2) GVCPos	(3) GVCPos	(4) GVCPos	(5) GVCPos
lnMGT	0.0768 *** (0.0168)	0.0693 *** (0.0142)	0.0730 *** (0.0146)	0.0737 *** (0.0147)	0.0742 *** (0.0149)

续表

Variable	（1）GVCPos	（2）GVCPos	（3）GVCPos	（4）GVCPos	（5）GVCPos
GVCpar		−1.963 *** (0.475)	−2.009 *** (0.476)	−1.968 *** (0.482)	−2.091 ** (0.593)
lnKL			−0.0267 (0.0247)	−0.0281 (0.0250)	−0.0273 (0.0254)
RD				3.405 (4.554)	3.642 (4.657)
FDIS					−0.0559 (0.153)
_cons	−0.722 *** (0.168)	0.836 * (0.403)	1.003 * (0.431)	0.948 * (0.439)	1.047 (0.521)
N	72	72	72	72	72
R^2	0.355	0.559	0.573	0.579	0.581
adj. R^2	0.338	0.535	0.537	0.531	0.519

注：* $p<0.1$，** $p<0.05$，*** $p<0.01$。

139

表 7 - 5　　　　　　　　计量回归结果 2（固定效应）

Variable	（1）GVCPos	（2）GVCPos	（3）GVCPos	（4）GVCPos	（5）GVCPos
lnMGT	0.0498 *** (0.0140)	0.0526 *** (0.0153)	0.0527 *** (0.0157)	0.0515 *** (0.0169)	0.0491 ** (0.0211)
GVCpar		−0.221 (0.461)	−0.219 (0.471)	−0.154 (0.562)	−0.224 (0.676)
lnKL			0.000633 (0.0122)	0.000848 (0.0124)	0.000823 (0.0127)
RD				−0.601 (2.712)	−0.716 (2.823)

续表

Variable	(1) GVCPos	(2) GVCPos	(3) GVCPos	(4) GVCPos	(5) GVCPos
FDIS1					-0.0764 (0.394)
_cons	-0.453*** (0.140)	-0.314 (0.323)	-0.320 (0.351)	-0.354 (0.388)	-0.251 (0.662)
N	72	72	72	72	72
R^2	0.289	0.295	0.295	0.296	0.297
adj. R^2	0.106	0.083	0.052	0.020	-0.015

注：*$p<0.1$，**$p<0.05$，***$p<0.01$。

表7-6　　　　　　　　计量回归结果3（修正异方差）

Variable	(1) GVCPos	(2) GVCPos	(3) GVCPos	(4) GVCPos	(5) GVCPos
lnMGT	0.0746*** (0.00401)	0.0697*** (0.00226)	0.0681*** (0.00581)	0.0697*** (0.00929)	0.0722*** (0.0130)
GVCpar		-1.928*** (0.134)	-1.884*** (0.156)	-1.871*** (0.179)	-2.080*** (0.384)
lnKL			-0.0156 (0.00861)	-0.0216* (0.0101)	-0.0210* (0.0101)
RD				2.971 (1.782)	3.352 (1.843)
FDIS					-0.0961 (0.191)
_cons	-0.701*** (0.0397)	0.807*** (0.114)	0.887*** (0.120)	0.877*** (0.130)	1.034*** (0.281)
N	72	72	72	72	72

注：*$p<0.1$，**$p<0.05$，***$p<0.01$。

7.3.4 实证结果及分析

表7-4列出的是对模型直接进行混合 OLS 回归的计量结果，模型（1）只包含解释变量中国与"一带一路"沿线国家制造业的进出口贸易 lnMGT，即只考虑"一带一路"倡议对中国制造业价值链地位提升的影响，结果显示"一带一路"倡议的影响在1%的水平上高度显著为正，系数值为 0.0768；考虑到控制变量可能会有影响，所以模型（2）~模型（5）依次分别加入中国制造业价值链参与程度指数 GVCpar、对数化以后的资本劳动比例 lnKL、研发投入比例 RD 以及外国直接投资 FDIS，结果发现模型（2）中中国制造业 GVC 参与程度在1%的水平上高度显著为负，但解释变量仍然高度显著为正，模型（3）和模型（4）中依次加入了 lnKL 和 RD，但是均不显著，而"一带一路"倡议的影响仍然高度显著为正，而 GVCpar 的影响依然显著为负，模型（5）中全部控制变量放入后，解释变量仍然高度显著为正，GVCpar 虽然显著性稍有下降，但是仍然显著为负，而其他三个控制变量 lnKL、RD 和 FDIS 均不显著。由此可见，直接对模型进行混合 OLS 回归的结果说明以中国与"一带一路"国家制造业的进出口贸易额来测度的"一带一路"倡议对中国制造业价值链地位的提升起到了显著的促进作用。

当然正如前面所提到的，混合回归假设不存在个体效应，这一点对于面板数据来说，确实不是太合适，作为基准检验还是可以将结果列出，并可以用于后续其他的回归结果进行参照的。下面要确定使用哪种模型，如前所述，个体效应通常以固定效应和随机效应这两种不同的形态存在，在进一步用 Hausman 统计检验之后，确定选择固定效应模型，具体结果如表7-5所示。

由表7-5可以看出，模型（1）~模型（5）仍然是在单一解释变量的基础上逐一加入一系列控制变量，在这五个模型中，解释变量中国与"一带一路"国家的制造业进出口贸易额的影响都是高度显著为正，模型（5）中显著性略有下降，但是仍然在5%的水平上显著为正，但是所有的控制变量均不显著，即使是在混合 OLS 回归中高度显著的中国制造业价值链参与程度指数 GVCpar 也是不显著。可能的解释是如前所述，该面板数据经过检验发现存在异方差，必须要加以消除，具体做法是采用广义最小二乘法 GLS 来进行修正，修正后的结果如表 7-6 所示。

表 7-6 给出的是运用广义最小二乘法 GLS 对上述五个模型进行修订后计量检验的结果，在模型（1）单一解释变量的基础上，模型（2）~模型（5）逐一加入一系列控制变量，结果显示在这五个模型中，解释变量中国与"一带一路"国家的制造业进出口贸易额的影响都是在 1% 的水平上高度显著为正，控制变量中，中国制造业价值链参与程度指数 GVCpar 均在 1% 的水平上高度显著为负，说明虽然中国制造业较多地参与全球价值链，但是主要集中在低端环节，资本劳动比在模型（3）中为负但不显著，在模型（4）和模型（5）中均在 10% 的水平上显著但仍为负值，但是研发投入比例和外国直接投资溢出效应均不显著。显然，本章重点关注的中国与"一带一路"沿线国家的制造业进出口贸易额显著地促进了中国制造业价值链地位的提升。

前面的计量分析都是假设中国与"一带一路"国家制造业进出口贸易与中国制造业价值链地位提升之间存在的是线性关系，然而有没有可能存在非线性关系呢，为此，本章引入了解释变量的平方项 $\ln^2 MGT$，即对中国与"一带一路"沿线国家制造业进出口贸易总额取对数以后求平方，将之纳入计量模型后进行检验分析，结果如表 7-7 所示。

表 7-7   计量回归结果 4（非线性）

Variable	（1）	（2）	（3）	（4）
lnMGT	0.216 (0.273)	0.279 (0.168)	0.266 * (0.156)	0.381 * (0.201)
$\ln^2 MGT$	-0.00708 (0.0136)	-0.0120 (0.00866)	-0.0109 (0.00800)	-0.0164 (0.0111)
GVCpar	-2.070 *** (0.601)	-0.0866 (0.672)	-0.184 (0.603)	-1.829 *** (0.457)
lnKL	-0.0270 (0.0257)	0.000297 (0.0124)	-0.00000182 (0.0117)	-0.0186 * (0.0105)
RD	3.955 (4.746)	-0.0725 (2.815)	0.663 (2.557)	4.906 ** (2.218)

续表

Variable	(1)	(2)	(3)	(4)
FDIS	−0.0216 (0.168)	−0.0561 (0.388)	0.0674 (0.294)	0.0684 (0.231)
_cons	0.313 (1.509)	−1.456 (1.088)	−1.411 (0.992)	−0.684 (1.189)
N	72	72	72	72
估计方法	混合 OLS 回归	固定效应 FE	随机效应 FE	GLS

注：＊p＜0.1，＊＊p＜0.05，＊＊＊p＜0.01。

表7-7中，模型（1）是直接进行混合 OLS 回归，模型（2）和模型（3）分别是固定效应和随机效应，模型（4）是采用广义最小二乘法 GLS 对检验发现的截面异方差问题进行修正后的结果。从表7-7中可以看出，模型的解释变量——中国与"一带一路"沿线国家制造业的进出口贸易额 lnMGT 在模型（1）和模型（2）中均不显著，在模型（3）和模型（4）中均是在 10% 的水平上显著为正，显著性不太高，但是始终为正；然而引入的解释变量的平方项 $\ln^2 MGT$ 在四个模型中虽然为负，但均不显著，这说明不存在倒"U"型的非线性关系，只存在正向的线性关系，也就是说，中国与"一带一路"国家之间制造业的进出口贸易额的增加，能够促进中国制造业价值链地位的提升，这种促进作用是单一正向的，不会先升后降。

按照 OECD - WTO 关于产业的分类，制造业行业可以细分成九个制造业部门，考虑到要与中国国民经济行业分类统一，于是去掉了"其他制成品及回收制造业"，然后将其余 8 个制造行业分成了三类：劳动密集型、资本密集型和知识密集型制造行业。其中纺织品、纺织产品、皮革和鞋制造业和木材、纸、纸制品、印刷和出版制造业属于劳动密集型；食品、饮料及烟草制造业、化学品及非金属矿产品制造业以及基础金属和金属制品制造业属于资本密集型产业；机械设备制造业、电气和光学设备制造业以及运输设备制造业属于知识密集型。然后对三类制造业行业分别进行计量检验，结果如表7-8所示。

表7-8 计量回归结果5（考虑行业异质性）

Variable	劳动密集型制造业		资本密集型制造业		知识密集型制造业	
	（1）GVCPos	（2）GVCPos	（1）GVCPos	（2）GVCPos	（1）GVCPos	（2）GVCPos
lnMGT	0.0381 (0.0288)	1.702 (1.017)	0.0964 * (0.0431)	1.357 ** (0.438)	0.0260 * (0.0129)	−0.125 (0.130)
GVCpar	6.154 *** (1.589)	2.468 (2.657)	−3.130 *** (0.531)	−2.497 *** (0.479)	0.362 (0.710)	0.335 (0.680)
RD	11.25 ** (3.795)	3.860 (5.635)	2.211 (7.219)	0.307 (5.825)	−1.739 (2.938)	−2.770 (2.946)
lnKL	0.00454 (0.0182)	−0.0613 (0.0434)	−0.00304 (0.0209)	−0.0293 (0.0191)	−0.0382 * (0.0156)	−0.0392 ** (0.0150)
FDIS1	1.285 *** (0.257)	1.155 *** (0.242)	−0.165 (1.049)	1.011 (0.934)	0.881 *** (0.196)	0.769 *** (0.210)
$\ln^2 MGT$		−0.0870 (0.0531)		−0.0595 ** (0.0206)		0.00758 (0.00646)
_cons	−5.501 *** (1.103)	−10.09 *** (2.971)	1.469 (0.839)	−5.723 * (2.581)	−0.596 (0.438)	0.234 (0.823)
N	18	18	27	27	27	27

注：* $p < 0.1$，** $p < 0.05$，*** $p < 0.01$。

从表7-8中可以看出，将OECD-WTO制造业8个细分行业分成了劳动密集型、资本密集型和知识密集型之后，分别进行计量回归，在控制了一系列因素的情况下，考查中国与"一带一路"沿线国家制造业的进出口贸易对三类行业全球价值链地位提升的作用，总体看来与前面总体样本回归的结果存在一定的差异。具体而言，从劳动密集型行业来看，中国与"一带一路"沿线国家制造业的进出口贸易对劳动密集型行业全球价值链地位提升的影响虽然为正，但是不显著，也不存在非线性关系，这说明中国与"一带一路"沿线国家制造业的进出口贸易对劳动密集型行业全球价值链地位提升的影响非常弱，可以忽略，主要是因为在劳动密集型产业上，中国和"一带一路"沿线国家存在一定的竞争性，两者之间的贸易对其价值链地位的提升作用不大；从资本密集型行业来看，中国与"一带一路"沿线国家制造业的进出口贸易对资本密集型行业价值链地位的提升在 10% 的水平上显著为正，说明随着中国与"一带一路"沿线国家制造业进出口贸易合作的加强，能在一定程度上提升我国资本密集型行业的价值链地位，进一步的非线性回归发现，两者之间的关联是呈现倒"U"型的关系，即在达到临界点之前，中国与"一带一路"国家之间制造业的进出口贸易额越多，能使得中国资本密集型制造业更好地配置资源，发挥比较优势，进而就越有利于其价值链地位的提升，但是当超越临界点以后，就会对我国资本密集型制造业价值链地位的提升起到负面的作用，原因可能是这时我国的资本密集型制造业在某种程度上已经被锁定，完全受现有"一带一路"沿线国家制造业贸易需求的影响和制约，价值链地位不升反降；从知识密集型产业来看，中国与"一带一路"沿线国家制造业的进出口贸易对知识密集型行业价值链地位的提升在 10% 的水平上显著为正，但并不存在非线性关系，这说明随着中国与"一带一路"沿线国家制造业进出口贸易合作的加强，能在一定程度上提升我国知识密集型行业在全球价值链中的地位。

上述计量模型检验结果表明，本章主要关注的中国与"一带一路"国家之间制造业的进出口贸易能够显著促进中国制造业价值链地位的提升，两者之间仅存在正向的线性关系，而且这一结论并不会随着控制变量的加入而改变；从各类行业来看，中国与"一带一路"沿线国家制造业进出口贸易对中国劳动密集型制造业的价值链地位的提升影响不显著，对资本密集型制造业价值链地位的影响则呈现先升后降的倒"U"型，对于知识密集型制造业价值链地位的提升则仅存在正向的线性关系。因此，在"一带一路"倡议的实施和不断推进的过程中，中国与"一带一路"沿线国家组建区域价值链 RVC，在 RVC 中更多地展开分工合作，有利于资源要素的优化配置，有助于中国发挥比较优势占据主导地位，中国和沿线国家贸易合作得到加强，进而必将对中国制造业全球价值链地位的提升起到显著的推动作用。

相比总体样本的计量检验结果，对于劳动密集型、资本密集型和知识密集型三类制造业行业检验的结果从显著性来讲都有所下降，虽然回归系数仍然为正，但是或者不显著，或者显著性水平下降，导致这种现象出现的原因除了样本总体和部分的差异之外，主要可能还是受限于数据的可获得性，主要是 8 个制造业行业，OECD – WTO 的 TiVA 数据库在 2003 年以后仅有 2005～2013 年共 9 个年份的数据，样本个数少、样本区间年份也不多，样本总量仅为 72 个，而进一步进行细分以后，样本数量又大大减少，劳动密集型行业仅有 18 个数据，资本密集型和知识密集型行业都是 27 个数据。因此，在今后的研究中，如果能够获取更多年份的数据，测量结果将更为准确。

因此，综合看来，计量模型检验结果表明，中国与 "一带一路" 国家之间制造业的进出口贸易能够显著促进中国制造业价值链地位的提升，两者之间仅存在正向的线性关系，而且这一结论并不会随着控制变量的顺次加入而发生改变，因此，在 "一带一路" 倡议的实施和不断推进过程中，中国可以与 "一带一路" 沿线国家组建区域价值链 RVC，在 RVC 中更多地展开分工合作，有利于资源要素的优化配置，有助于中国发挥比较优势占据主导地位，中国和沿线国家贸易合作得到加强，进而必将对中国制造业全球价值链地位的提升起到显著的推动作用。

相比总体样本的计量检验结果，对于劳动密集型、资本密集型和知识密集型三类制造业行业检验的结果虽然回归系数仍然为正，但是或者不显著，或者显著性水平下降，导致这种现象出现的原因除了样本总体和部分的差异之外，主要可能还是受限于数据来源，样本个数少、样本区间短年份少所致，因此，在今后的研究中，如果能够获取制造业更多年份的数据，测量结果将更为准确，也更有说服力。

7.4　实施路径

7.4.1　加强与 "一带一路" 沿线国家的进出口贸易合作

正如前面第 3 章中分析后所指出的，我国制造业整体实力已经具备相当的国际竞争力，已经建成了门类齐全、独立完整的制造体系。在我国制造业的出口贸易中，由于存在巨大的制造业产能，我国对很多国家特别是 "一带一路" 沿线国家存在较大的贸易顺差。

为此，我国要尽量扩大从"一带一路"国家的进口。从进口贸易结构来看，我国从"一带一路"沿线国家进口制成品很少。因此，在推进"一带一路"倡议的过程中，可以利用中国庞大的国内市场不断增加的需求，扩大从相关国家进口其独具特色优势的工业制成品，帮助其培育优势产业，如从南亚国家进口劳动密集型产品；从东盟进口电子电器、机械设备、交通工具等工业制成品，做实中国—东盟自贸区升级版；扩大从中亚及西亚国家进口矿物燃料、金属矿物及其制品、粮食皮毛等初级原料。

此外，还要采取措施，切实加强贸易"互联互通"的基础设施建设，另外，要尽量优化制造业贸易结构，建立健全与沿线国家贸易合作的机制与平台。

7.4.2 根据不同国家要素禀赋特征差异，全面深化与沿线国家制造业的产业合作

"一带一路"沿线国家众多，地理面积大小和经济发展程度不一，"不同国家具有不同的要素禀赋特征和比较优势，在制造业合作时应该采取不同的方式，结合沿线国家产业发展的实际情况，通过深化供应链、价值链合作，帮助其融入全球分工体系，推动上、中、下游全产业链深度合作，形成优势互补的产业网络和经济体系"。

第一，关于农产品和水产品等初级产品产业合作。"一带一路"沿线国家中，南亚、中亚一些国家在农产品、东盟在水产品上有比较优势，因此，我国应该进一步优化中国与南亚、中亚农产品以及与东盟水产品的贸易环境，建立出口农产品和水产品生产基地，推动农产品和水产品加工贸易发展，挖掘贸易新增长点。

第二，关于劳动密集型制造业产业合作。"一带一路"沿线国家中，由于印度、越南和印度尼西亚等国家劳动力资源相对比较丰富，这些国家劳动密集型制造业的基础相对比较好。因此，中国应该扩大对这些国家劳动密集型产业的投资，如可以把纺织品服装、食品制造和农副食品加工及玩具等产业，通过建设境外工业园区等方式帮助其加快其工业化进程。

第三，关于资源密集型制造业产业合作。沙特、卡塔尔、阿联酋、

科威特、伊拉克、阿尔及利亚等"一带一路"沿线国家资源相对丰富，与我国互补优势明显，合作潜力巨大。因此，我国深化与沿线国家能源合作，加大对钢铁、铝金属及非金属制品等资源产品的进口力度；加快我国资源密集型制造企业"走出去"的步伐，扩大与沿线国家的产能合作，在当地扩大资源开采及深加工能力。

第四，关于技术密集型制造业产业合作。"一带一路"沿线国家中，东盟 10 国中菲律宾、马来西亚、泰国和越南等国通过较早融入全球生产网络，基本形成了一定的技术密集型产品的生产能力。中国可以大力发展机电产品和高新技术产品，同时支持具有自主知识产权、较高技术水平的产业到这些国家布局高科技产品部分生产工序，扩大中国高新技术产品的消费市场，并完善全球价值链；在具有相对丰富的人力资本的国家和地区设立研发中心，推动适合当地需求的研发；在技能劳动力相对丰富的国家和地区配置生产线，加工组装技术密集型产品。

第五，进一步优化贸易投资便利化环境。具体到优化贸易投资环境方面，除了加强与沿线合作的通关贸易合作等之外，通过建立由各经济体专家、国际机构和工商界代表组成的供应链联盟，设计开展全面系统的供应链能力建设项目，打通供应链堵塞点，比如开展示范电子口岸和绿色供应链的合作，提高贸易便利化水平。

7.4.3 将部分产业转移到区域内其他国家，推动共同发展

目前，从投资存量来看，我国对外直接投资主要分布在欧洲和拉丁美洲[①]，对"一带一路"沿线国家投资相对较少，而且行业分布主要集中在矿产资源开采业和商贸服务业部门，对制造业的投资非常少。随着近年来中国"人口红利"趋于消失，劳动力成本和环境成本不断上升，部分制造业比较优势的相对下降，可以考虑把部分产业逐步转移到"一带一路"沿线较为落后的发展中国家。"一带一路"沿线国家大多处于不同工业化进程发展阶段，其比较优势产业依然是劳动力密集型产业，具备承接产业转移形成新"雁形模式"的动机和条件，因此，在中国逐步转向上游研发设计以及高端制造业的同时，推动不符合比较优势产

---

① 扣除了中国香港和各主要避税港地区。

业的转移，把产业链的中下游产业比如组装及有成本导向的加工行业等转移到根据廉价劳动力且有一定发展基础的国家，为中国技术做配套服务，可以使区域内要素资源得到优化配置，国家间可以形成更合理的分工，为沿线国家经济发展注入活力的同时，中国则可以更顺利地主导区域价值链的高端环节攀升，最终实现全球价值链地位的有效提升。

7.4.4 依托自贸园区，实现其与"一带一路"的有效对接

自贸园区战略和"一带一路"倡议都有利于提升我国对外开放水平。自贸园区践行的"贸易便利化、金融国际化"与"一带一路"倡导的"贸易畅通、资金融通"是一致的，因此，加强两者的有效对接和战略联动，将自贸园区作为推进"一带一路"倡议"五通"建设的重要节点和支撑，支持自贸园区与沿线国家开展贸易供应链安全与便利合作，在自贸园区建设经贸合作园区，以自贸园区为依托，整合沿线国家金融资源；建立自贸区参与"一带一路"建设协调平台，最大限度发挥政策合力。

7.4.5 结合自贸区战略，积极推动"一带一路"价值链伙伴关系建设

加快实施自由贸易区战略，是中国新一轮对外开放的重要内容。相比世界其他国家和地区，中国的自贸区战略实施较晚，但步伐比较快。截至 2019 年 9 月初，中国已经跟 24 个国家和地区签署了 16 个自由贸易协定，正在谈判的自贸区有 13 个，正在研究的自贸区也有 18 个①。在"一带一路"倡议的实施和推进过程中，建议可以通过组建自贸区来构造区域价值链伙伴关系，推动沿线更多的国家融入中国主导的区域价值链网络体系之中。因此，中国效仿中国—东盟自贸区，再继续建设一些自贸区；鉴于沿线国家经济发展水平等方面存在较大的差异，可以分批次有选择地与相关国家签订自由贸易协议，然后"以点带面"，大

---

① 资料来源：中国自由贸易区服务网，http：//fta. mofcom. gov. cn/。

面积、大范围地去推进，尤其要注重与主要经贸合作伙伴或对现有自贸区网络建设意义重大的贸易伙伴进行合作，在已建成自贸区基础上进行升级，使"一带一路"倡议落到实处；进而同时，此举也有助于在国际经贸合作与规则制定中发出更多中国声音。

7.5　本　章　小　结

本章主要介绍了增加值贸易统计下"一带一路"倡议促进中国制造业价值链地位提升的机理、实证研究及路径。本章主要内容包括以下四个部分：

首先，回顾相关文献，发现真正将"一带一路"和中国制造业价值链地位相结合的文献却相对不多，主要围绕"一带一路"倡议与全球价值链、"一带一路"倡议与区域价值链以及"一带一路"倡议下全球价值链与区域价值链的关系展开。

其次，分析了"一带一路"倡议促进中国制造业价值链地位提升的机理。"一带一路"倡议最核心的就是要构建互利共赢的开放合作理念，互利共赢的实质就是优势互补。如何让互利共赢的思想真正落实到"一带一路"建设中呢？就是与"一带一路"沿线国家构建区域价值链。中国若能同沿线国家组成区域价值链，将有机会提升本国技术实力，最终顺利实现在全球价值链中地位提升的目标。

再次，构建了相应的计量模型，就"一带一路"倡议对中国制造业价值链地位提升的促进作用进行了实证检验。被解释变量为中国制造业价值链地位指数，解释变量为中国与"一带一路"沿线国家的制造业进出口贸易额，另外还逐一引入了四个控制变量及部分变量平方项。结果表明，中国与"一带一路"国家之间制造业的进出口贸易能够显著促进本国制造业价值链地位的提升，两者之间仅存在正向的线性关系，而且这一结论并不会随着控制变量的顺次加入而发生改变。

最后，提出了具体的实施路径。对于中国制造业来说，需要把握区域内国家对制造业发展的强烈诉求，可以根据不同国家要素禀赋特征差异，通过多领域的贸易和投资合作，优化贸易结构，不仅通过贸易往来、产业投资角度来推进合作，也应从帮助这些国家形成现代化的产业体系、提升经济的自主发展能力方面考虑，依托自贸园区和自贸区，在区域内部分国家复制中国制造业的发展经验，共同提高制造业发展水平，促进区域内国家经济共同发展。

第8章 结论、政策建议及研究展望

本章是全书的结论、政策建议及研究展望部分。由前面的分析可以看出，借助增加值贸易统计方法，测算出中国制造在全球价值链中参与度高但是地位低下，面临着被"低端锁定"的困境，亟待提升自身的地位，通过对影响因素的分析，也可以看出，除了引进高质量的FDI，积极参与价值链分工之外，也要注重调节资本劳动比和研发强度，充分发挥各因素对价值链地位提升的积极作用，此外，在"一带一路"倡议的背景下，比较现实的路径是与沿线国家构建一条自身主导的区域价值链，将有利于中国制造业价值链地位的提升，实证检验的结果也支持这个观点。由此本书提出了具体的政策建议，并对后续研究进行了展望。

8.1 主 要 结 论

本书采用增加值贸易统计方法，以经典的经济学、产业经济学、国际贸易学、空间经济学以及统计学理论为基础，以中国制造业为研究对象，使用本土制造业出口国内技术含量指标和 GVC 地位指数，区分加工贸易和一般贸易，分析了两种贸易类型各自的价值链地位，并对其影响因素进行了多维度的经验考察。此外，还以"一带一路"倡议为背景，回顾了"一带一路"倡议和全球价值链以及区域价值链关系的相关文献，分析了"一带一路"倡议促进中国价值链地位提升的机理，并进行了实证检验，最后分析结果，并指出了具体的实施路径。本书的主要结论有以下五个。

8.1.1　增加值贸易统计方法能更准确地反映中国制造业的价值链地位

20 世纪 80 年代以来，随着经济全球化不断深入，贸易和投资环境不断改善，商品和要素在全球范围内加速流动，再加上交通运输和信息通信技术的快速发展，使得产品内跨国生产分工合作成为可能，工业制成品的生产工序越来越细化，生产链条逐渐拉长，各国在同一个产品内不同工序、不同环节或者不同区段的分工合作成为常态，中间品贸易在国际贸易中越来越普遍，一件产品并不是完全由最终出口国来创造的。如果沿用传统的总值贸易统计方法，显然会导致"重复计算"，从而夸大产品最终出口国的贸易额和贸易利益，因此，必须建立以增加值贸易为基础的新的贸易统计规则来弥补现有总值贸易统计的严重不足。

2011 年 6 月 11 日，WTO 前总干事拉米在日内瓦会议上公开建议使用增加值贸易统计体系。从 2011 年 WTO 与日本经济研究院共同发布报告，到 2012 年和经济合作与发展组织于 2012 年 3 月 15 日启动了"增加值贸易测算"的联合研究项目，到 2013 年与 OECD 共同推出增加值贸易数据库，再到 UNCTAD 发布正式的报告，与此同时，欧盟等多个组织，也先后开展了增加值贸易统计研究，形成了对传统总值贸易统计方法的有益的补充，相比总值贸易统计方法，增加值贸易统计方法能够更准确地反映中国制造业的价值链地位。

8.1.2　中国制造业在全球价值链中参与程度较高，但地位低下，亟待提升

本书采用增加值贸易统计方法，对中国制造业价值链地位进行了测度。研究发现，总体来看，作为国民经济的支柱性产业和经济增长的发动机，中国制造业在欧美日等发达国家主导的全球价值链分工中"参与度高，但地位低下"，这种状况持续多年都没有改变，近年来虽有一定提升，但幅度很小，这在一定程度上意味着中国制造业在全球价值链中已经被"低端锁定"，此外，近年来，一方面，国内劳动力和环境成本上升、市场需求结构升级要求制造业提供更高端品质更高的产品，但是

一定时期以内供应的短期不足导致潜在消费者存在流失的风险;另一方面,外部面临着发达国家高端制造业回流、发展中国家中低端分流,由此可见,中国制造业在全球价值链中被"低端锁定",面临的"内忧外患"的双重压力,价值链地位亟待提升。

8.1.3　加工贸易价值链地位高于一般贸易,两者变化趋势完全不同

本书利用 OECD - ICIO2018 的 TiVA 增加值贸易数据,区分加工贸易和一般贸易,并分别对两种贸易类型制造业价值链地位分别进行了测度。研究发现,2005 ~ 2015 年,加工贸易和一般贸易在全球价值链分工中均体现了"参与度高,地位低下"的特点;就两者的价值链地位而言,加工贸易价值链地位高于一般贸易,前者始终为正,样本期内其价值链地位指数变化不大,总体稳中有升;后者则正好相反,不仅始终为负,呈现"N"型走势,而且其价值链地位变化幅度非常大,可以说大起大落,2011 年之后上升趋势特别明显。

8.1.4　中国制造业价值链地位更多受到外部因素的影响,内部因素的促进作用没有充分发挥

本书使用增加值贸易统计方法,利用相关数据,对中国制造业价值链地位的影响因素(外部因素和内部因素)进行了理论分析和实证检验,其中外部因素主要是指 FDI 技术溢出(及其三种细分技术溢出:水平技术溢出、前向技术溢出和后向技术溢出)和价值链参与程度,内部因素主要是资本劳动比和研发强度。研究发现,样本期内外部因素的影响更大,内部因素的促进作用没有充分发挥;无论是一般贸易还是加工贸易,研发强度的影响显著为负;资本劳动比在一般贸易下显著为负,在加工贸易下为负但不显著;一般贸易价值链参与度对其价值链地位的影响呈现"U"型变化趋势,FDI 水平技术溢出、前向技术溢出和后向技术溢出效应对一般贸易价值链地位的影响均为倒"U"型变化趋势;加工贸易价值链参与度对其价值链地位的影响也呈现倒"U"型,FDI 水平技术溢出、前向技术溢出和后向技术溢出效应与加工贸易价值链地

位之间分别存在线性负相关、倒"U"型和"U"型的关系。

8.1.5 "一带一路"倡议有助于促进中国制造业价值链地位的提升

中国制造业在现有全球价值链中被"低端锁定",其根源在于发达国家凭借其技术优势和市场势力在全球价值链中具有绝对的主导地位,从而使得中国无法顺利完成向价值链高端环节的攀升。那么,如何才能摆脱这种不利的境地呢?如果全盘否定全球价值链,专注发展国内价值链,无异于倒退到进口替代战略的发展思路,这种思路显然不合时宜。于是,要想实现中国制造业价值链地位的提升,只有构建一条自身主导的新的全球价值链或区域价值链。然而,构建自身主导的全球价值链,短期内很难实现;相比之下,构建自身主导的区域价值链则更为现实。如果可以成功构建这样一条区域价值链,中国顺利摆脱发达国家的约束,实现全球价值链被动嵌入者角色的转变,然后以此为基点,对接全球价值链,从而可以顺利完成地位的提升。相比之下,这是一种典型的"曲线救国"策略。

"一带一路"倡议的实施给中国制造业价值链地位的提升提供了良好的机遇,为中国和沿线国家合作构建一条中国主导的区域价值链提供了有力的支撑。首先,"一带一路"倡议反映了中国的合作意愿,让各国共享中国发展机遇,从而实现区域共同发展;其次,"一带一路"沿线国家多为发展中经济体,人口众多,经济发展水平落后,究其原因,除了受各国自身资源要素禀赋的制约之外,现行发达国家主导的国际经济秩序不利于沿线国家的经济发展,因此,沿线国家迫切需要和中国进行合作以促进自身经济发展;再次,中国和"一带一路"沿线国家的比较优势产业具有很好的互补性,而且互补性强于竞争性;最后,近年来随着中国制造业技术实力的增强,已经具备主导"一带一路"区域价值链的能力和条件。

总之,如果能与"一带一路"沿线国家成功构建中国主导的区域价值链,中国将更多地承担价值链中的高附加值环节,更多地与沿线国家展开分工合作,有利于资源要素的优化配置,有助于中国发挥比较优势占据主导地位,对于推动中国产业中高端化发展将起到重要的促进作用，进而必将对中国制造业全球价值链地位的提升起到显著的推动作用。本书实证部分计量模型检验的结果表明，中国与"一带一路"沿线国家之间进出口贸易与中国制造业价值链地位的提升之间存在显著的正向的线性关系，而且不会随着控制变量的顺次加入而发生改变，也验证了"一带一路"倡议的实施能显著促进中国制造业价值链地位的提升这一结论。

8.2　政　策　建　议

制造业是我国国民经济生活中重要的支柱型产业，其地位和作用是不容忽视的。改革开放以来，中国利用丰富的劳动力资源，凭借基于低价的成本优势在全球价值链中形成了较强的竞争能力优势，但在欧美日主导的全球价值链中，中国制造业一直被锁定在技术含量不高、附加值较低的低端产品制造和生产的低端环节，利润极其微薄，而且这种状况持续多年都没有改变。应该透过"统计幻象"正确认识和界定本土制造业价值链地位的真实走势，并进一步研究各影响因素的具体作用。作为一种新的国际贸易统计方法，增加值贸易统计方法能够准确测度中国制造业在全球价值链中的真实地位并分析各影响因素的具体作用。

因此，基于上述五个研究结论，本书提出以下九项政策建议。

8.2.1　普及增加值贸易统计方法，继续鼓励和完善增加值贸易数据库建设

作为传统总值贸易统计法的补充，增加值贸易统计能够更为准确地测度一国在全球价值链中真实的地位状况。为此，应该尽可能做好以下工作：

首先，研究建立能真实有效测度本土制造业价值链地位的指标体系。尽快应用且普及增加值贸易统计方法并及时公布相关统计数据，通过各种平台和媒介进行有效的宣传普及。国家有关部门应该组织专家力量改进现有的投入—产出表的编制，学术界关于价值链的研究开始于20 世纪 80 年代中期，但是对于价值链地位测度的研究却开始得相对较

晚，关于其测度方法的研究也仍然比较少，原因一方面是由于需要扎实的经济学理论、国际经济学、产业组织理论、数理经济学和统计学基础以及各学科知识的综合运用，对研究者要求相对较高；另一方面是由于相关统计制度、方法和指标的改革未能及时跟进，其中包括非竞争型投入—产出表的编制和增加值贸易法的统计应用及数据库资源建设等方面。

其次，继续完善"全球价值链与中国贸易增加值核算数据库"。2008 年国际金融危机以来，全球价值链与国际分段式生产成为世界经济的主要特征之一，为了响应 WTO "世界制造"、采用增加值贸易核算方式的倡议，中国商务部政策研究室与海关总署综合统计司、国家统计局国民经济核算司、国家外汇局国际收支司共同研发"全球价值链与中国贸易增加值核算数据库"，并委托商务部中国国际电子商务中心组织实施。主要目标是通过分析比对相关国际组织和学术机构的相关数据库的经验，以数据综合处理展示平台建设方式，使全球价值链与贸易增加值研究更加快捷、更为直观，在教育和学术界推广国际贸易这一新的理论探索和实践应用。目前数据库中主要是 2010～2017 年的部分指标数据，与上述三大数据库 OECD—WTO 联合发布的 TiVA 数据库及 OECD – ICIO2018、欧盟的 WIOD 数据库以及美国普渡大学的 GTAP 数据库以及其他一些国际投入产出数据库相比，衔接性还不够好，还有进一步发展的空间。

最后，鼓励高校及科研院所加强国际国内合作，共同开展对全球价值链和增加值贸易核算的研究。目前最具代表性的是对外经济贸易大学的全球价值链研究院（RIGVC UIBE），为了满足学术研究需要建立了一个供研究者使用的纯学术性和研究性的公益免费性数据库——UIBE GVC Indicators，主要提供当前国际贸易中增加值贸易核算的结果以及有关全球价值链或国际生产分工的测算指数。目前，UIBE GVC Indicators 主要有三类指数构成，即全球价值链生产分解（index1_Prod）、双边总贸易流的分解（index2_Trade）和全球价值链长度的分解（index3_Length），在实际应用中还得需要加工整理不能直接拿结果来应用，这对具体应用者或政策制定者可能会不方便。政府有关部门应该给予此类的研究以鼓励和支持，使它们在保留现有的纯学术性和研究性的数据库的前提下，同时提供一套以贸易领域为中心的可以直接使用的实用性较

157

强和政策性应用较强的数据库，方便具体的应用者和政策制定者。

8.2.2 区分加工贸易和一般贸易，通过调节价值链参与程度，来提升其价值链地位

必须区分加工贸易和一般贸易，并分别对两种贸易类型制造业价值链地位分别进行了测度。研究发现，2005～2013年，加工贸易和一般贸易在全球价值链分工中均体现了"参与度高，地位低下"的特点，加工贸易价值链参与度对其价值链地位的影响呈现倒"U"型，一般贸易价值链参与度对其价值链地位的影响呈现"U"型变化趋势。

因此，必须区分加工贸易和一般贸易，分别进行指导。具体做法是：第一，对于加工贸易，要继续制定政策引导其转型升级，初期其价值链参与度提高有利于其价值链地位的提升，但是到达临界值后，对价值链地位的提升开始起到负面的作用，所以要通过限制加工贸易的发展和价值链参与程度，来达到提升加工贸易价值链地位的目的；第二，对于一般贸易价值链参与度对其价值链地位的"先降后升"的"U"型影响，初期考虑到特殊的国情，需要加工贸易来推动中国经济贸易的发展，再加上一般贸易相对没有比较优势，参与程度提高，反而不利于其自身价值链地位的提升，但是随着时间的推移，到达临界值后，加工贸易的弊端体现出来，一般贸易的优点得到充分的体现，即参与程度越高，一般贸易价值链地位越高，政府应该鼓励一般贸易的发展，来提升其价值链地位。

8.2.3 区分 FDI 三种技术溢出，发挥其提升加工贸易和一般贸易价值链地位的作用

目前，在现有的全球价值链分工体系中，欧美日等国在技术上仍保持着绝对领先，我国在一定时期内很难超越，因此还需要通过 BIT 协定（Bilateral Investment Treaty，双边投资协定）更多地引进 FDI，吸收其先进技术，将有利于强化我国在"一带一路"区域价值链中的主导地位。

对于加工贸易，FDI 水平技术溢出效应与加工贸易价值链地位之间主要存在负相关的线性关系，前向技术溢出会对加工贸易价值链地位的

影响呈现倒"U"型非线性关系，而后向技术溢出与加工贸易价值链地位之间主要是存在"U"型非线性关系。因此，在加工贸易中，中国政府应该制定不同的引进 FDI 政策，比如考虑到水平技术溢出会阻碍加工贸易价值链地位的提升，那么政府要通过适当限制 FDI 进入来减少其对行业内制造企业的负面影响；前向技术溢出与加工贸易价值链地位之间存在的倒"U"型关系，意味着政府可以鼓励 FDI 进入上游产业，向本国制造企业提供高质量的中间投入品，然而当达到一定临界值后，必须限制 FDI 进入上游产业；至于后向技术溢出与加工贸易价值链地位之间存在的"U"型非线性关系，政府起初可以适当限制 FDI 进入下游产业，但是当达到一定临界值后，必须鼓励 FDI 进入下游产业来发挥其正面的后向技术溢出效应，进而提升加工贸易价值链地位。

对于一般贸易，由于 FDI 水平技术溢出效应、前向技术溢出效应和后向技术溢出效应对一般贸易价值链地位的影响均呈现"先上升后下降"的倒"U"型变化趋势。因此，在一般贸易中，中国政府应该适当限制 FDI，多年来一般贸易中进入的 FDI 虽然相对少一些，但是对一般贸易价值链地位提升的促进作用已经达到临界值，所以如果加大鼓励 FDI 进入一般贸易领域，将可能会对一般贸易价值链地位的提升起到阻碍作用。因此，在一般贸易中，无论是同行业，还是上下游产业，引入 FDI 必须要谨慎。

8.2.4　重视资本劳动比和研发强度对制造业价值链地位的作用，进行针对性处理

对于资本劳动比，其对一般贸易价值链地位提升的影响显著为负，对加工贸易价值链地位提升的影响虽然不显著但是也为负值。有鉴于此，无论在加工贸易还是一般贸易中，政府有关部门一定要注重调整要素结构，避免资本对劳动力过度排挤的同时，加大技术要素、人力资本要素等高级要素的投入，减缓资本深化特征，以避免出现低端、无效产能过程的情形。

对于研发强度，无论在加工贸易还是一般贸易中，对其价值链地位的提升均产生了较为显著的阻碍作用。因此，政府有关部门要注重调节国内 R&D 的投入结构分配机制，不能过于偏向应用性研究，一定要加

159

大对基础研究研发投入力度，提高研发投入效率；此外，还要多渠道建立科研成果孵化中心来促进已有科研成果转化；加大对知识产权和专利的保护力度，以有效解决研发强度对中国制造业价值链地位提升的促进作用为负的问题。

8.2.5 积极鼓励企业融入全球价值链，实现价值链地位的提升

首先，要积极鼓励企业转方式、调结构，努力提高我国对外贸易增加值水平。中国近年来采取一系列措施支持出口企业转方式、调结构，提高我国制造业的综合出口竞争力和国内增加值水平，推动培育形成"以技术、品牌、质量、服务为核心的出口竞争新优势"。第一，要注重技术，通过不断提高研发创新能力自主研发产品，来带动企业转型升级。要持续不断地研究和跟踪新技术和新领域，实现研发技术市场化，大幅度提高产品出口国内增加值水平；在准确评估不同产业价值链地位和竞争力的基础上，明确各自转型升级的目标和方向。第二，要重视开发培育发展属于自己的品牌，研发个性化产品，抢占销售市场。例如，可以"国内生产、国外贴牌"或者"国外贴牌生产、国内消费"，充分利用天猫、淘宝、京东以及微信、直播等网络销售平台以及各大跨境电商网络平台，培育国内外消费者对品牌的认可和支持。第三，注重质量和服务。必须要保证质量，售前、售中和售后服务一定要跟上，而且必须到位，这样才能在市场上赢得消费者的青睐。

其次，不断改善营商环境，支持和促进企业特别是中小企业融入价值链。中国经济发展离不开中小企业的贡献。新中国成立 70 年来，特别是改革开放 40 多年来，我国中小企业取得了举世瞩目的跨越式发展，发展实力显著增强，创新能力大幅提高，产业结构持续优化，开放合作水平显著提升。为此，中国政府要继续大力推进"大众创业，万众创新"的"双创计划"，以降低经济活动的制度成本和交易成本为核心，推行"三证合一"和行政审批制度改革，减免中小企业税费；另外，要通过设立中小企业发展基金，发展多层次的资本市场为中小企业提供融资支持，支持其融入全球价值链，走中高端化发展道路；注重培育创新环境，使企业不因暂时的压力放弃转型升级的机会，重回低端锁定的

老路；此外，还可以通过提供公共信息平台等措施，让各国政府、企业、个人对"一带一路"沿线不同国家和地区的社会文化、宗教习俗、时局政情等有充分认识，以达到规避投资风险、合理配置资源、保障商贸利益，促进区域商贸繁荣的目的。

最后，坚定高质量发展信念，倒逼国内制造业转型升级。要坚定高质量发展理念，倒逼国内制造业转型升级，具体需要做到以下四点：第一，要正视中国制造业全球价值链地位被"低端锁定"的现实；第二，坚定制造业高质量发展信念，倒逼国内制造业转型升级，全球价值链理念引导中国外贸朝着提质增效、增加出口产品的国内增加值的方向努力；第三，应持续以降成本和去产能来推动传统产业改造升级，细化梳理"卡脖子"技术并进行攻关，推动先进制造业发展；第四，大力发展互联网＋制造业，推动服务型制造业发展，大力发展工业互联网，形成制造业发展的新动能。

8.2.6 加快推进"一带一路"区域价值链伙伴关系建设

借"一带一路"倡议契机，加快与沿线国家构建中国主导的区域价值链，全方位构建与沿线国家的贸易合作新格局，具体建议如下：第一，加强贸易"互联互通"的基础设施建设，如标准化建设，跨境交通设施建设，通信、电网等基础设施建设；第二，健全与沿线国家贸易合作的机制与平台，例如加快建立官方和非官方组织的交流合作机制，鼓励双方政府、商会和企业家定期举办展会、博览会和商务论坛等多种形式的经贸活动，以及商事法律业务合作交流，建立健全多、双边合作机制；第三，进一步优化贸易投资便利化环境。通过建立由各经济体专家、国际机构和工商界代表组成的供应链联盟，设计开展全面系统的供应链能力建设项目；第四，全面深化与沿线国家的产业合作，加快推动产业转移。为此，中国应该大力发展机电产品和高新技术产品制造业等；深化能源合作；支持具有自主知识产权的高技术产业如电子信息、汽车制造等产业赴沿线国家进行投资；此外，将部分劳动密集型产业适当转移到部分沿线国家，不仅能使区域内要素资源得到更合理的配置，各国形成更合理的分工，还可以让沿线国家获得共同发展的良好机遇，最终更有利于中国实现全球价值链地位的有效提升。

8.2.7 依托自贸园区战略，实现其与"一带一路"的有效对接

　　自贸园区战略和"一带一路"倡议都有利于提升我国对外开放水平。自贸园区践行的"贸易便利化、金融国际化"与"一带一路"倡导的"贸易畅通、资金融通"是一致的，因此，加强两者的有效对接和战略联动，将自贸园区作为推进"一带一路"倡议"五通"建设的重要节点和支撑，要完善各自贸园区对接"一带一路"物流体系建设，支持自贸园区与沿线国家开展贸易供应链安全与便利合作，在自贸园区建设经贸合作园区，以自贸园区为依托，整合沿线国家金融资源；建立自贸园区参与"一带一路"建设协调平台。

8.2.8 结合自贸区战略，积极推动"一带一路"区域价值链伙伴关系建设

162

　　加快实施自由贸易区战略，是中国新一轮对外开放的重要内容。相比世界其他国家和地区，中国的自贸区战略实施较晚。中国参与的第一个自由贸易区是与东盟建立的中国—东盟自由贸易区，自 1999 年时任总理朱镕基首次提议，并于 2000 年 11 月首次提出构想，到 2010 年建成中国—东盟自由贸易区。这是中国的第一个自由贸易区工程。截至 2019 年 9 月初，中国已经对外签署了 16 个自由贸易协定，涉及 24 个国家和地区，正在谈判的自贸区有 13 个，正在研究的自贸区也有 18 个[①]，初步形成了立足周边、辐射"一带一路"、面向全球的自贸区网络。

　　在"一带一路"倡议的实施和推进过程中，建议可以通过组建自贸区来构造区域价值链伙伴关系，推动沿线更多的国家融入中国主导的区域价值链网络体系之中。因此，鉴于沿线国家经济发展水平等方面存在较大的差异，可以分批次有选择地与相关国家签订自由贸易协议，然后"以点带面"，大面积、大范围地去推进，尤其要注重与主要经贸合作伙伴或对现有自贸区网络建设意义重大的贸易伙伴进行合作，在已建

---

① 资料来源：中国自由贸易区服务网，http：//fta. mofcom. gov. cn/。

成自贸区基础上进行升级，提升各国间经贸合作水平，使"一带一路"倡议落到实处；进而同时，此举也有助于在国际经贸合作与规则制定中发出更多中国声音。

8.2.9 加强增加值贸易和价值链研究的国际合作，把握制定国际经贸规则的先机

中国要积极开展增加值贸易统计和全球价值链方面研究的国际合作，努力把握制定国际经贸规则的先机，推动我国与相关国家的经贸谈判。例如，在 2014 年 APEC 贸易部长会上，中国政府首次提出在 APEC 进行全球价值链的合作，世界首份官方一致认可的全球价值链的多边文件由此诞生，不仅有利于引领亚太地区"贸易投资便利化"和"经济技术合作"，更能实实在在地推动 APEC 各国在全球价值链方面的务实合作，共同营建良好的政策环境，同时为我国各类企业创造更好的营商环境，即未来中国企业必须在国际竞争中更加注重参与、融入和提升全球价值链，更加看重出口产品中的国内增加值含量，更加关注自身在全球价值链中的地位及变化趋势；而且也能够把握制定国际经贸规则的先机，提升中国在增加值贸易和价值链核算研究方面的话语权。

8.3 研究展望

第一，所用数据有待于进一步更新。由于样本数据的获取来源限制，同时为了保证统计口径的一致性，本书在测算中国制造业价值链参与程度及价值链地位时，只能测算 2005～2015 年共 11 个年份的数据，在对制造业价值链地位各影响因素的作用机制进行实证检验时，只选择了 2005～2013 年中国制造业行业面板数据进行检验，而且 OECD‐ICIO 数据库和 UIBE GVC Index 中，"一带一路"沿线国家除了中国以外只有 26 个国家，为了保证统计口径的一致性，实证分析中只能以这 26 个国家的数据来替代"一带一路"沿线全部的 65 个国家，这些都在一定程度上影响了测算结果的准确性。在今后的研究中，随着各大数据库建设越来越完备，应该积极主动发现和挖掘微观数据，以更精确地进行统计

和计量方面的分析。

第二，持续关注"一带一路"倡议的推进，补充更新相关内容。对于"一带一路"倡议下中国制造业价值链地位提升的实证研究结果精确性不够。主要是因为一方面"一带一路"倡议思路形成于 2013 年，完善于 2014 年，实施于 2015 年，其影响可能并未充分发挥出来，从而使得研究结果准确性稍欠，随着时间的推移，随着"一带一路"倡议的不断推进，其对中国制造业价值链地位提升的影响应该会充分发挥出来，今后的研究结果必然会日趋精准。

第三，可以尝试考虑更多影响因素并纳入模型分析。现实经济生活中，影响制造业价值链地位的因素是多样的，如宏观经济政策、相关产业发展等，限于数据的可得性以及本书主要关注点的限制，本书未能将更多的影响因素纳入模型，还有一些可以探讨并且在未来值得关注和可以继续挖掘的问题，在本书中没能深入探究和分析，因此，在今后的讨论中将更加全面地考虑多种影响因素，以便得出更为精准的研究结论。

附　录

附表1　　《国民经济行业分类》（2017）中制造业的分类

代码	类别名称
13	农副食品加工业
14	食品制造业
15	烟、饮料和精制茶制造业
16	烟草制品业
17	纺织业
18	纺织服装、服饰业
19	皮革、毛皮、羽毛及其制品和制鞋业
20	木材加工和木、竹、藤、棕、草制品业
21	家具制造业
22	造纸和纸制品业
23	印刷和记录媒介复制业
24	文教、工美、体育和娱乐用品制造业
25	石油、煤炭及其他燃料加工业
26	化学原料和化学制品制造业
27	医药制造业
28	化学纤维制造业
29	橡胶和塑料制品业
30	非金属矿物制品业
31	黑色金属冶炼和压延加工业
32	有色金属冶炼和压延加工业
33	金属制品业
34	通用设备制造业
35	专用设备制造业
36	汽车制造业

代码	类别名称
37	铁路、船舶、航空航天其他运输设备制造业
38	电气机械和器材制造业
39	计算机、通信和其他电子设备制造业
40	仪器仪表制造业
41	其他制造业
42	废弃资源综合利用业
43	金属制品、机械和设备修理业

资料来源：根据《2017 国民经济行业分类》（GB/T 4754—2017）整理得出。

附表 2　　《国际贸易标准分类》（第四次修订）SITC Rev. 4

大类	序号	类别	主要产品
初级品	0	食品和活动物	活的动物以外的其他动物；肉及肉制品；乳制品和鸟蛋；鱼（非海洋哺乳动物）、甲壳类、软体动物和水生无脊椎动物；谷物和谷物制品；蔬菜和水果；糖、糖制品及蜂蜜；咖啡、茶、可可、香料及其制造品；动物饲料；杂项食品产品和制品
	1	饮料及烟草	饮料；烟草及烟草制品
	2	非食用原料（燃料除外）	皮、表皮和毛皮、原料；石油种子和含油果实；天然橡胶；软木及木；纸浆及废纸；纺织纤维及其废料；原油化肥、矿产和原油；金属矿砂及金属废料；其他动植物材料
	3	矿物燃料、润滑油和相关原料	煤、焦煤及煤球；石油、石油产品及相关产品；天然气；电力
	4	动物油、植物油、脂肪和蜡	动物油脂；固定植物油脂、原油、成品；动植物油脂、加工过的不宜食用的混合物或动物或植物脂肪或油类
	5	化学品及有关产品	有机、无机化学品；植物染料；医学产品；化肥；塑料；其他化学材料及制品
加工品	6	按原料分类的制成品	皮革及其制品、并经处理的毛皮；橡胶制品；软木及木制品等；纺织半成品及产成品；钢铁及金属制品
	7	机械及运输设备	发电、工业及金属加工机械设备及其零部件；办公室机器和自动数据处理仪器；音响设备和仪器；道路车辆及其他设备

大类	序号	类别	主要产品
加工品	8	杂项制品	家具及其零件；床上用品；旅游用品；服装及衣服配件、鞋子；控制用仪器及器具；摄影仪器、设备和供应品；光学产品、钟表；其他杂项制品
	9	未分类的货品及交易	邮政包裹；无分类别特殊交易和商品；无分类别硬币（金币除外）；非货币

资料来源：根据 UNCTAD 数据库整理。

参 考 文 献

[1] Aitken, B. J. , Hanson, G. H. , Harrison, A. E. , Spillovers, Foreign Investment, and Export Behavior. *Journal of International Economics*, Vol. 43, No. 1, 1997, pp. 103 – 132.

[2] Aitken, B. J. , Harrison A. E. , Do Domestic Firms Benefit from Direct Foreign Investment? Evidence from Venezuela. *The American Economic Review*, Vol. 89, No. 3, 1999, pp. 605 – 618.

[3] Amiti, M. , Smarzynska, Javorcik, B. , Trade Costs and Location of Foreign Firms in China. *Journal of Development Economics*, Vol. 85, No. 1, 2008, pp. 129 – 149.

[4] Antràs P. , Hillberry R. , Measuring the Upstreamness of Production and Trade Flows. *American Economic Review*, Vol. 102, No. 3, 2012, pp. 412 – 416.

[5] Arrow, K. J. , The Economic Implications of "Learning by Doing". *The Review of Economic Studies*, Vol. 29, No. 3, 1962, pp. 155 – 73.

[6] Aslanoǧlu, E. , Spillover Effects of Foreign Direct Investments on Turkish Manufacturing Industry, *Journal of International Development*, Vol. 12, No. 8, 2000, pp. 1111 – 1130.

[7] Azariadis, C. , Drazen. A. , Threshold Externalities in Economic Development, The *Quarterly Journal of Economics*, Vol. 105, No. 2, 1990, pp. 501 – 526.

[8] B. Balassa, *Trade Liberalization among Industrial Countries*, New York: Mc Graw – Hill, 1967.

[9] Baldwin R. , Lopez – Gonzalez J. , Supply – Chain Trade: A Portrait of Global Patterns and Several Testable Hypotheses, NBER Working Paper, No. 18957, 2013.

［10］ Baldwin R. , Trade and Industrialization after Globalization's 2nd Unbundling: How Building and Joining a Supply Chain are Different and Why it Matters. NBER Working Paper, No. 17716, 2012.

［11］ Baldwin, Richard & Javier Lopez – Gonzalez, Supply – Chain Trade: A Portrait of Global Patterns and Several Testable Hypotheses, NBER Working Papers, No. 18957, 2013.

［12］ Barrios, S. , Gorg, H. , Strobl, E. , Foreign Direct Investment, Competition and Industrial Development in the Host Country. *European Economic Review*, Vol. 85, No. 1, 2008, pp. 2005, 49（7）: pp. 1761 – 1784.

［13］ Begg, C. B. Berlin, J. A. , Publication Bias: a Problem in Interpreting Medical Data, *Journal of the Royal Statistical Society, Series A (Statistics in Society)*, Vol. 151, No. 3, 1988, pp. 419 – 463.

［14］ Bernard, A. B. , Bradford Jensen J, Exceptional Exporter Performance: cause, effect, or both? . *Journal of International Economics*, Vol. 47, No. 1, 1999, pp. 1 – 25.

［15］ Blomström, M. , Foreign Investment and Productive Efficiency: the Case of Mexico, *The Journal of Industrial Economics*, Vol. 35, No. 1, 1986, pp. 97 – 110.

［16］ Brandt L. , Thun E. , Going Mobile in China: Shifting Value Chains and Upgrading in the Mobile Telecom Sector, *International Journal of Technological Learning, Innovation and Development*, Vol. 4, No. 1, 2011, pp. 148 – 180.

［17］ Branstetter L. , Lardy N. , China's Embrace of Globalization. NBER Working Paper, No. 12373, 2006.

［18］ Caves, R. E. , Multinational Firms, Competition, and Productivity in Host – Country Markets. *Economica*, Vol. 41, No. 162, 1974, pp. 176 – 193.

［19］ Chen, N. , Novy, D. , Gravity, Trade Integration, and Heterogeneity across Industries. *Journal of International Economics*, Vol. 85, No. 1, 2008, pp. 2011, 85（2）, pp. 206 – 221.

［20］ Coe, D. T. , Helpman, E. , International R&D Spillovers. *Eu-

ropean Economic Review, Vol. 39, No. 5, 1995, pp. 859 – 887.

[21] Damijan, J. P. , Rojec, M. , Majcen, B. et al. Impact of Firm Heterogeneity on Direct and Spillover Effects of FDI: Micro – Evidence from Ten Transition Countries. *Journal of Comparative Economics*, Vol. 41, No. 3, 2013, pp. 895 – 922.

[22] De La Potterie, B. V. P. , Lichtenberg, F. , Does Foreign Direct Investment Transfer Technology across Borders? *Review of Economics and Statistics*, Vol. 83, No. 3, 2001, pp. 490 – 497.

[23] De Long, J. B. , Lang, K. , Are all Economic Hypotheses False? *Journal of Political Economy*, Vol. 100, No. 6, 1992, pp. 1257 – 1272.

[24] Dinopoulos, E. , Segerstrom, P. , Intellectual Property Rights, Multinational Firms and Economic Growth, *Journal of Development Economics*, Vol. 92, No. 1, 2010, pp. 13 – 27.

[25] Dunning, J. H. , Location and the Multinational Enterprise: a Neglected Factor? *Journal of international Business Studies*, Vol. 29, No. 1, 1998, pp. 45 – 66.

[26] Eapen, A. , FDI Spillover Effects in Incomplete Datasets, *Journal of International Business Studies*, Vol. 4, No. 7, 2013, pp. 719 – 744.

[27] Engelbrecht, H. J. , International R&D Spillovers, Human Capital and Productivity in OECD Economies: An Empirical Investigation. *European Economic Review*, Vol. 41, No. 8, 1997, pp. 1479 – 1488.

[28] Feenstra, R. C. , Hanson, G. H. , The Impact of Outsourcing and High – Technology Capital on Wages: Estimates for the United States. *The Quaterly Journal of Economics*, Vol. 114, No. 3, 1999, pp. 907 – 940.

[29] Felipe, J, Kumar, U. , Usui, N. et al. Why has China Succeeded? And Why it will Continue to do so. *Cambridge Journal of Economics*, Vol. 37, No. 4, 2013, pp. 791 – 818.

[30] Feng, L. , Intra – product Specialization. *China Economic Quarterly*, 2004.

[31] Ferrantino, M. J. , Wang Z. Accounting for Discrepancies in Bilateral Trade: The Case of China, Hong Kong, and the United States. *China*

Economic Review, Vol. 19, No. 3, 2008, pp. 502 – 520.

[32] Flôres, Jr. R. G. , Fontoura, M. P. , Guerra Santos, R. , Foreign Direct Investment Spillovers in Portugal: Additional Lessons from a Country Study. *The European Journal of Development Research*, Vol. 19, No. 3, 2007, pp. 372 – 390.

[33] G. Gereffi, and M. Korzeniewicz, *Commodity Chains and Global Capitalism*. Westport, CT: Greenwood Press (hardcover) and Praeger (paperback), 1994.

[34] Gereffi, G. , International trade and industrial upgrading in the apparel commodity chain. *Journal of International Economics*, Vol. 48, No. 1, 1999, pp. 37 – 70.

[35] Gereffi, Gary. , Humphrey, J. , Kaplinsky, R. , Introduction: Globalisation, Value Chains and Development. *Ids Bulletin*, Vol. 32, No. 3, 2001, pp. 1 – 8.

[36] Glass, A, J, Wu, X. , Intellectual Property Rights and Quality Improvement. *Journal of Development Economics*, Vol. 82, No. 2, 2007, pp. 393 – 415.

[37] Globerman, S. , Foreign Direct Investment and Spillover Efficiency Benefits in Canadian Manufacturing Industries, *Canadian journal of economics*, Vol. 12, No. 1, 1979, pp. 42 – 56.

[38] Gorg, H. , Strobl, E. , Multinational Companies and Productivity Spillovers: A Meta – Analysis, *The Economic Journal*, Vol. 111, No. 475, 2001, pp. 723 – 739.

[39] Greenaway, D. , Sousa, N. , Wakelin, K. , Do Domestic Firms Learn to Export from Multinationals? . *European Journal of Political Economy*, Vol. 20, No. 4, 2004, pp. 1027 – 1043.

[40] Grossman, G. M. , Helpman, E. , Trade, Knowledge Spillovers, and Growth, *European Economic Review*, Vol. 35, No. 2, 1991, pp. 517 – 526.

[41] Guo, B. , Chen, X. , How does FDI Influence Industry-level Knowledge Production Efficiency in China? . *Asian Journal of Technology Innovation*, Vol. 19, No. 2, 2011, pp. 183 – 197.

［42］ H. G. Grubel and P. J. Lloyd, *Intra – Industry Trade*: *the Theory and Measurement of International Trade in Differentiated Products*. London: Macmillan, 1975.

［43］ Haddad, M., Harrison, A., Are There Positive Spillovers from Direct Foreign Investment? Evidence from Panel Data for Morocco, *Journal of Development Economics*, Vol. 42, No. 1, 1993, pp. 51 – 74.

［44］ Hausmann, R., Hwang, J., Rodrik, D., What you Export Matters. *Journal of Economic Growth*, Vol. 12, No. 1, 2007. or NBER working paper, No. 11905, 2005, pp. 1 – 25.

［45］ Hausmann, R., Rodrik, D., Economic Development as Self-Discovery. *Journal of Development Economics*, Vol. 72, No. 2, 2003, pp. 603 – 633.

［46］ Henderson, J. V., Marshall's Scale Economies. *Journal of Urban Economics*, Vol. 53, No. 1, 2003, pp. 1 – 28.

［47］ Hummels, D., Ishii, J., Yi K. M., The Nature and Growth of Vertical Specialization in World Trade. *Journal of International Economics*, Vol. 54, No. 1, 2001, pp. 75 – 96.

［48］ Iršová, Z. Havránek, T. J., Determinants of Horizontal Spillovers from FDI: Evidence from a Large Meta – Analysis, *World Development*, Vol. 42, No. C, 2013, pp. 1 – 15.

［49］ J. E. Stiglitz and C. E. Walsh, *Principles of Micro Economics*. New York: WW Norton, 1997.

［50］ J. M. Katz, *Production Functions, Foreign Investment and Growth*: *A Study Based on the Argentine Manufacturing Sector* 1946 – 1961. North – Holland Publishing Company, 1969.

［51］ Jacobs, J., Strategies for Helping Cities. *The American Economic Review*, Vol. 59, No. 4, 1969, pp. 652 – 656.

［52］ Javorcik, B. S., Spatareanu, M., Does it Matter Where you Come from? Vertical Spillovers from Foreign Direct Investment and the Origin of Investors. *Journal of Development Economics*, Vol. 96, No. 1, 2011, pp. 1 – 22.

［53］ Javorcik, B. S., Spatareanu, M., To Share or Not to Share: Does

Local Participation Matter for Spillovers from Foreign Direct Investment?. *Journal of Development Economics*, Vol. 85, No. 1, 2008, pp. 194 – 217.

[54] Javorick, B. S. , Does Foreign Direct Investment Increase the Productivity of Domestic Firms? In Search of Spillovers through Backward Linkage. *American Economic Review*, Vol. 94, No. 3, 2004, pp. 605 – 627.

[55] Johnson, R. , Noguera, G. , Accounting for Intermediates: Production Sharing and Trade in Value – added. *Journal of International Economics*, Vol. 86, No. 2, 2012, pp. 224 – 236.

[56] Kaplinsky, R. , Farooki, M. , What are the Implications for Global Value Chains When the Market Shifts from the North to the South?. *International Journal of Technological Learning*, *Innovation and Development*, Vol. 4, No. 1, 2011, pp. 13 – 38.

[57] Kathuria, P. , Foreign Firms, Technology Transfer and Knowledge Spillovers to Indian Manufacturing Firms: A Stochastic Frontier Analysis. *Applied Economics*, Vol. 33, No. 5, 2001, pp. 625 – 642.

[58] Keller, W. , International Technology Diffusion. *Journal of Economic Literature*, Vol. 42, No. 3, 2004, pp. 752 – 782.

[59] Kemeny, T. , Does Foreign Direct Investment Drive Technological Upgrading?. *World Development*, Vol. 38, No. 1, 2010, pp. 1543 – 1554.

[60] Kogut, B. , Designing global strategies: Comparative and competitive value-added chains. *Sloan Management Review*, Vol. 26, No. 4, 1985, pp. 15 – 28.

[61] Kokko, A. , Productivity Spillovers from Competition between Local Firms and Foreign Affiliates. *Journal of International Development*, Vol. 8, No. 4, 1996, pp. 517 – 530.

[62] Kokko, A. , Tansini, R. , Zejan, M. C. , Local Technological Capability and Productivity Spillovers from FDI in the Uruguayan Manufacturing Sector. *The Journal of Development Studies*, Vol. 32, No. 4, 1996, pp. 602 – 611.

[63] Kokko, A. , Technology, Market Characteristics, and Spillovers. *Journal of Development Economics*, Vol. 43, No. 2, 1994, pp. 279 – 293.

［64］ Koopman R. , Wang Z. , Wei S. J. , How Much of Chinese Export is Really Made in China? Assessing Domestic Value – Added When Processing Trade is Pervasive, NBER Working Paper, No. 14109, 2008.

［65］ Koopman, R. , Wang Z. , Wei S. J. , Give Credit Where Credit is due: Tracing Value Added in Global Production Chains ［R］. NBER Working Paper, No. 16426, 2010.

［66］ Koopman, R. , Wang, Z. , Wei, S. J. , Estimating Domestic Content in Exports When Processing Trade is Pervasive. *Journal of Development Economics*, Vol. 99, No. 1, 2012b, pp. 178 – 189.

［67］ Koopman, R. , Wang, Z. , Wei, S. J. , Tracing Value-added and Double Counting in Gross Exports, *The American Economic Review*, Vol. 104, No. 2, 2014, or NBER Working Paper, No. 18579, 2012a. pp. 1 – 37.

［68］ Krugman, P. , Cooper R. N. , Srinivasan, T. N. , 25th Anniversary Issue || Growing World Trade: Causes and Consequences. *Brookings Papers on Economic Activity*, No. 1, 1995, pp. 327 – 377.

［69］ Kummritz, Victor, Taglioni, Daria, Winkler, Deborah Elisabeth, *Economic upgrading through global value chain participation: which policies increase the value added gains?* . Social Science Electronic Publishing, 2017.

［70］ Lall, S. , The Technological structure and performance of developing country manufactured exports 1985 – 1998. *Oxford development studies*, Vol. 28, No. 3, 2000, pp. 337 – 369.

［71］ Lall, S. , Vertical Inter-firm Linkages in LDCs: An Empirical Study. *Oxford Bulletin of Economics and Statistics*, Vol. 42, No. 3, 1980, pp. 203 – 226.

［72］ Lall, S. , Weiss. J. , Zhang, J. , The "Sophistication" of Exports: a New Trade Measure. *World Development*, Vol. 34, No. 2, 2006, pp. 222 – 237.

［73］ Lau, L. J. , et al. The estimation of domestic value-added and employment generated by U. S. – China Trade. In Working Paper NO. 2, Institute of Economics, the Chinese University of Hong Kong, 2006.

［74］Lau, L. J. , Cheng, L. K. , Fung, K. C. et al. Input-occupancy-output models of the non-competitive type and their application-an examination of the China – US trade surplus. *Social Sciences in China*, Vol. 31, No. 1, 2010, pp. 35 – 54.

［75］Leahy, D. Neary, J. P. , Absorptive Capacity, R&D Spillovers, and Public Policy. *International Journal of Industrial Organization*, Vol. 25, No. 5, 2007, pp. 1089 – 1108.

［76］Leontief, W. W. , Quantitative input and output relations in the economic system of the United States. *Review of Economic Statistics*, Vol. 18, No. 3, 1936, pp. 105 – 125.

［77］Lichtenberg, F. de la Potterie, B. P. , International R&D Spillovers: A Re-examination. National Bureau of Economic Research, 1997.

［78］Lin, P. , Liu, Z. , Zhang, Y. , Do Chinese Domestic Firms Benefit from FDI Inflow?: Evidence of Horizontal and Vertical Spillovers. *China Economic Review*, Vol. 20, No. 4, 2009, pp. 677 – 691.

［79］Long, N. V. , Riezman, R. and Soubeyran, A. , Fragmentation and Services. *The North American Journal of Economics and Finance*, Vol. 16, No. 1, 2005, pp. 137 – 152.

［80］Los, B. , Erik, D. , Robert S. , Marcel T. and Gaaitzen de Vries. , Trade Performance in Internationally Fragmented Production Networks: Concepts and Measures, WIOD Working Paper, No. 11, 2012.

［81］Los, B. , M. P. Timmer, G. J. de Vries. , Tracing Value – Added and Double Counting in Gross Exports: Comment. *The American Economic Review*, Vol. 106, No. 7, 2016, pp. 1958 – 1966.

［82］Los, B. , Timmer, M. P. , De Vries, G. J. , How Global are Global Value Chains? A New Approach to Measure International Fragmentation. *Journal of Regional Science*. Vol. 55, No. 1, 2015, pp. 66 – 92.

［83］M. E. Porter, Competitive Advantage: Creating and Sustaining Superior Performance: with a new introduction. New York: Free Press; London: Collier Macmillan, c1985.

［84］MacDougall, G. D. A. , The Benefits and Costs of Private Investment from Abroad: A Theoretical Approach. *Bulletin of the Oxford University*

Institute of Economics & Statistics, Vol. 22, No. 3, 1960, pp. 189 – 211.

[85] Mansfield, E. Romeo, A., Technology Transfer to Overseas Subsidiaries by US – based Firms. *The Quarterly Journal of Economics*, Vol. 95, No. 4, 1980, pp. 737 – 750.

[86] Marin, A. Bell, M., Technology Spillovers from Foreign Direct Investment (FDI): the Active Role of MNC Subsidiaries in Argentina in the 1990s. *The Journal of Development Studies*, Vol. 42, No. 4, 2006, pp. 678 – 697.

[87] Markusen, J. R., Venables, A. J., Foreign Direct Investment as a Catalyst for Industrial Development, *European economic review*, Vol. 43, No. 2, 1999, pp. 335 – 356.

[88] Mattoo, A., Wang, Z., Wei, S. J., Trade in Value – Added—Developing New Measures of Cross Border Trade, co-edited with CEPR/World Bank, 2013.

[89] Maurer, A., Degain, C. Globalization and Trade Flows: What You See is not What You Get! . *Journal of International Commerce, Economics and Policy*, Vol. 3, No. 3, 2012, pp. 1250019. 1 – 1250019. 27.

[90] Melitz, M. J., The Impact of Trade on Intra-industry Reallocations and Aggregate Industry Productivity. *Econometrica*, Vol. 71, No. 6, 2003, pp. 1695 – 1725.

[91] Merlevede, B., Schoors, K., On the Speed of Economic Reform-a Tale of the Tortoise and the Hare: Evidence from Transition Countries. *Journal of Economic Policy Reform*, Vol. 10, No. 1, 2007, pp. 29 – 50.

[92] M. Michaely, *Trade, Income Levels, and Dependence*. Amsterdam: North – Holland, 1984.

[93] Morris, M., Staritz C., Barnes J., Value Chain Dynamics, Local Embeddedness, and Upgrading in the Clothing Sectors of Lesotho and Swaziland. International Journal of Technological Learning. *Innovation and Development*, Vol. 41, No. 1 – 3, 2011, pp. 96 – 119.

[94] Naughton, B. J., The Chinese Economy: Transitions and Growth. *Mit Press Books*, Vol. 1, No. 4, 2007, pp. 511 – 513.

[95] Nelson, R. R. , Phelps, E. S. , Investment in Humans, Technological Diffusion, and Economic Growth, *The American Economic Review*, Vol. 56, No. 1/2, 1996, pp. 69 – 75.

[96] OECD, Trade in value added, OECD Statistics on Trade in Value Added (database), https: //doi. org/10. 1787/data – 00648 – en (accessed on 25 November 2019).

[97] Park, A. , Nayyar, G. , Low, P. , Supply Chain Perspectives and Issues. Gevena, Hong Kong (China): World Trade Organization, Fung Global Institute, 2013.

[98] Pattnayak, S. S. Thangavelu, S. M. , Linkages and Technology Spillovers in the Presence of Foreign Firms: Evidence from the Indian Pharmaceutical Industry. *Journal of Economic Studies*, Vol. 38, No. 3, 2011, pp. 257 – 286.

[99] Pei, J. S. , Oosterhaven J. , and Dietzenbacher. E. , Foreign Exports, Net Interregional Spillovers, and Chinese Regional Supply Chains, *Papers in Regional Science*, Vol. 6, No. 2, 2015, pp. 131 – 144.

[100] Poncet, S. , Starosta de Waldemar F. , Export Upgrading and Growth: the Prerequisite of Domestic Embeddedness. *World Development*, No. 51, 2013, pp. 104 – 118.

[101] R. E. Baldwin, H. Braconier, and R. Forslid, *Multinationals, Endogenous Growth and Technological Spillovers: Theory and Evidence*, London: Centre for Economic Policy Research, 1999.

[102] R. E. Caves, *Multinational Enterprises and Economic Analysis*. Cambridge: Cambridge University Press, 1996.

[103] R. E. Lipsey, *Home-and Host – Country Effects of Foreign Direct Investment, Challenges to Globalization: Analyzing the Economic*s. Chicago: University of Chicago Press, 2004.

[104] RIGVC UIBE, 2016, UIBE GVC Index, http: //rigvc. uibe. edu. cn/english/D_E/database_database/index. htm.

[105] Rivera – Batiz, L. A. , Romer, P. M. , Economic Integration and Endogenous Growth. *The Quarterly Journal of Economics*, Vol. 106, No. 2, 1991, pp. 531 – 555.

177

[106] Robert Stehrer, Neil Foster, Gaaitzen de Vries, Value Added and Factors in Trade: A Comprehensive Approach, WIOD Working Paper, No. 7, 2012.

[107] Robert Stehrer, Trade in Value Added and the Value Added in Trade, WIOD Working Paper, No. 8, 2012.

[108] Rodrik, D., What's so Special about China's Exports? *China & World Economy*, Vol. 14, No. 5, 2006, pp. 1 – 19.

[109] Romer, P. M., Endogenous Technological Change. *Journal of Political Economy*, Vol. 98, No. 5, 1990, pp. 71 – 102.

[110] Romer, P. M., Increasing Returns and Long-run Growth. *The Journal of Political Economy*, Vol. 94, No. 5, 1986, pp. 1002 – 1037.

[111] S. W. Arndt, and H. Kierzkowski, *Fragmentation: New Production Patterns in the World Economy*, Oxford and New York: Oxford University Press, 2001.

[112] Savvides, A., Zachariadis, M., International Technology Diffusion and the Growth of TFP in the Manufacturing Sector of Developing Economies. *Review of Development Economics*, Vol. 9, No. 4, 2005, pp. 482 – 501.

[113] Schott, P. K., The relative sophistication of Chinese exports. *Economic Policy*, Vol. 23, No. 53, 2008, pp. 5 – 49.

[114] Schrader, S., Informal Technology Transfer between Firms: Cooperation through Information Trading. *Research Policy*, Vol. 20, No. 2, 1991, pp. 153 – 170.

[115] Sinani, E., Meyer, K. E., Spillovers of Technology Transfer from FDI: the Case of Estonia, *Journal of Comparative Economics*, Vol. 32, No. 3, 2004, pp. 445 – 466.

[116] Sjöholm, F., Technology Gap, Competition and Spillovers from Direct Foreign Investment: Evidence from Establishment Data. *The Journal of Development Studies*, Vol. 36, No. 1, 1999, pp. 53 – 73.

[117] Smith, A., Rainnie, A., Dunford, M. et al., Networks of Value, Commodities and Regions: Reworking Divisions of Labour in Macro – Regional Economies. *Progress in Human Geography*, Vol. 26, No. 1, 2002,

pp. 41 – 63.

[118] Stehrer, R. , Trade in Value Added and the Value Added in Trade. WIOD Working Paper, 2012.

[119] Suyanto, S. , Salim, R. , Foreign Direct Investment Spillovers and Technical Efficiency in the Indonesian Pharmaceutical Sector: Firm Level Evidence. *Applied Economics*, Vol. 45, No. 3, 2013, pp. 383 – 395.

[120] Swan, P. L. , The International Diffusion of an Innovation. *The Journal of Industrial Economics*, Vol. 22, No. 1, 1973, pp. 61 – 69.

[121] Tempest, R. , Barbie and the World Economy. Los Angels Times, 1996. 09. 22: A1.

[122] Timmer, M. P. , Erumban, A. A. , Los, B. , Stehrer, R. , De Vries, G. J. Slicing Up Global Value Chains. *Journal of Economic Perspectives*, Vol. 28, No. 2, 2014, pp. 99 – 118.

[123] UNCTAD Report, Global Value Chains and Development [R], February, 2013.

[124] Van Assche, A. , Ganges, B. , Electronics Production Upgrading: Is China Exceptional? . *Applied Economics Letters*, Vol. 17, No. 5, 2010, pp. 477 – 482.

[125] Wallsten, S. J. , An Econometric Analysis of Telecom Competition, Privatization, and Regulation in Africa and Latin America. *The Journal of Industrial Economics*, Vol. 49, No. 1, 2001, pp. 1 – 19.

[126] Wang Z. , Wei S. J. , The Chinese Export Bundles – Patterns, Puzzles and Possible Explanations, Macroeconomics Working Papers, No. 226, 2008.

[127] Wang, J. Y. , Blomström, M. , Foreign Investment and Technology Transfer: A Simple Model. *European Economic Review*, Vol. 36, No. 1, 1992, pp. 137 – 155.

[128] Wang, Z. , Wei, S. J. , What Accounts for the Rising Sophistication of China's exports?, China's Growing Role in World Trade. University of Chicago Press, 2010: 63 – 104. or NBER Working Paper. No. 13771, 2008.

[129] Wang, Z. , Wei, S. J. , Zhu, K. F. , Quantifying International Production Sharing At The Bilateral and Sector Level. NBER Working

Paper, No. 19677, 2013.

[130] Wang, Z., Wei, S. J. Yu, X. D., Zhu, K. F., Characterizing Global Value Chains: Production Length and Upstreamness. NBER Working Paper, No. 23261, 2017a.

[131] Wang, Z., Wei, S. J. Yu, X. D., Zhu, K. F., Measures of Participation in Global Value Chains and Global Business Cycles. NBER Working Paper, No. 23222, 2017b.

[132] Xing, Y., Detert N., How the iPhone Widens the United States Trade Deficit with the People's Republic of China, 2015.

[133] Xu, B., Lu, J. Y., Foreign Direct Investment, Processing Trade, and the Sophistication of China's Exports. *China Economic Review*, Vol. 20, No. 3, 2009, pp. 425 – 439.

[134] Xu, B., Measuring China's Export Sophistication. China Europe International Business School, 2007.

[135] Xu, B., Wang, J., Trade, FDI, and International Technology Diffusion. *Journal of Economic Integration*, Vol. 15, No. 4, 2000, pp. 585 – 601.

[136] 蔡伟宏、李惠娟:《中、日、韩服务贸易的东亚分工地位比较——基于增加值贸易的视角》,载于《经济经纬》2017 年第 5 期。

[137] 岑丽君:《中国在全球生产网络中的分工与贸易地位——基于 TiVA 数据与 GVC 指数的研究》,载于《国际贸易问题》2015 年第 1 期。

[138] 陈雯、李强:《全球价值链分工下我国出口规模的透视分析——基于增加值贸易核算方法》,载于《财贸经济》2014 年第 7 期。

[139] 陈锡康、杨翠红:《投入产出技术》,科学出版社 2011 年版。

[140] 陈晓华、黄先海、刘慧:《中国出口技术结构演进的机理与实证研究》,载于《管理世界》2011 年第 3 期。

[141] 陈晓珊:《中日两国在全球价值链上分工地位的演进特征及差异比较——基于行业上游度测算的视角》,载于《当代财经》2017 年第 7 期。

[142] 陈旭、邱斌、刘修岩、李松林:《多中心结构与全球价值链地位攀升:来自中国企业的证据》,载于《世界经济》2019 年第 8 期。

[143] 陈艺毛、李春艳、杨文爽:《我国制造业国际分工地位与

产业升级分析——基于增加值贸易视角》，载于《经济问题》2019 年第 5 期。

［144］陈勇兵、陈宇媚、周世民：《贸易成本、企业出口动态与出口增长的二元边际——基于中国出口企业微观数据：2000—2005》，载于《经济学（季刊）》2012 年第 4 期。

［145］陈勇兵、李燕、周世民：《中国企业出口持续时间及其决定因素》，载于《经济研究》2012 年第 7 期。

［146］程大中：《中国参与全球价值链分工的程度及演变趋势——基于跨国投入—产出分析》，载于《经济研究》2015 年第 9 期。

［147］程文先、樊秀峰：《全球价值链分工下制造企业出口附加值测算——来自中国微观企业层面数据》，载于《中国经济问题》2017 年第 4 期。

［148］戴翔、李洲、何启志：《中国制造业出口如何突破"天花板约束"》，载于《统计研究》2018 年第 6 期。

［149］戴翔、李洲、张雨：《服务投入来源差异、制造业服务化与价值链攀升》，载于《财经研究》2019 年第 5 期。

［150］戴翔、刘梦、张为付：《本土市场规模扩张如何引领价值链攀升》，载于《世界经济》2017 年第 9 期。

［151］戴翔、宋婕：《"一带一路"有助于中国重构全球价值链吗?》，载于《世界经济研究》2019 年第 11 期。

［152］戴翔、徐柳、张为付：《集聚优势与价值链攀升：阻力还是助力》，载于《财贸研究》2018 年第 11 期。

［153］戴翔、郑岚：《制度质量如何影响中国攀升全球价值链》，载于《国际贸易问题》2015 年第 12 期。

［154］戴翔：《中国制造业出口内涵服务价值演进及因素决定》，载于《经济研究》2016 年第 9 期。

［155］邓军：《所见非所得：增加值贸易统计下的中国对外贸易特征》，载于《世界经济研究》2014 年第 1 期。

［156］丁小义、胡双丹：《基于国内增值的中国出口复杂度测度分析——兼论"Rodrik 悖论"》，载于《国际贸易问题》2013 年第 4 期。

［157］杜修立、王维国：《中国出口贸易的技术结构及其变迁：1980—2003》，载于《经济研究》2007 年第 7 期。

［158］段玉婉、刘丹阳、倪红福：《全球价值链视角下的关税有效保护率——兼评美国加征关税的影响》，载于《中国工业经济》2018年第7期。

［159］段玉婉、杨翠红：《基于不同贸易方式生产异质性的中国地区出口增加值分解》，载于《世界经济》2018年第4期。

［160］樊纲、关志雄、姚枝仲：《国际贸易结构分析：贸易品的技术分布》，载于《经济研究》2006年第8期。

［161］樊茂清、黄薇：《基于全球价值链分解的中国贸易产业结构演进研究》，载于《世界经济》2014年第2期。

［162］樊秀峰、程文先：《中国制造业出口附加值估算与影响机制分析》，载于《中国工业经济》2015年第6期。

［163］冯维江、徐秀军：《一带一路：迈向治理现代化的大战略》，机械工业出版社2016年版。

［164］傅元海、唐未兵、王展祥：《FDI溢出机制，技术进步路径与经济增长绩效》，载于《经济研究》2010年第6期。

［165］高敬峰、王庭东：《中国参与全球价值链的区域特征分析——基于垂直专业化分工的视角》，载于《世界经济研究》2017年第4期。

［166］高敬峰、张艳华：《中国出口中的国内增加值与要素报酬解构》，载于《世界经济研究》2014年第7期。

［167］高敬峰：《进口贸易提高了中国制造行业出口技术含量吗?》，载于《世界经济研究》2013年第3期。

［168］高敬峰：《中国出口价值链演化及其内在机理剖析》，载于《财贸经济》2013年第4期。

［169］高敬峰：《中国出口贸易利益测算与行业差异分析——基于出口收入指数的方法》，载于《经济评论》2011年第4期。

［170］高煜、高鹏：《区域产业发展中国内价值链构建的模式选择》，载于《求索》2012年第1期。

［171］高煜、杨晓：《国内价值链构建与区域产业互动机制研究》，载于《经济纵横》2012年第3期。

［172］高运胜、甄程成、郑乐凯：《中国制成品出口欧盟增加值分解研究——基于垂直专业化分工的视角》，载于《数量经济技术经济研究》2015年第9期。

［173］高运胜、郑乐凯、惠丽霞：《融资约束与制造业 GVC 地位提升》，载于《统计研究》2018 年第 8 期。

［174］关志雄：《从美国市场看"中国制造"的实力——以信息技术产品为中心》，载于《国际经济评论》2002 年第 4 期。

［175］国家信息中心"一带一路"大数据中心、大连东北亚大数据中心、"一带一路"大数据技术有限公司、大连瀚闻资讯有限公司：《中国与"一带一路"沿线国家贸易合作之大数据》，载于《中国外汇》2017 年第 8 期。

［176］国家信息中心"一带一路"大数据中心、大连瀚闻资讯有限公司：《"一带一路"贸易合作大数据报告 2018》，2018 年。

［177］韩永辉、邹建华：《"一带一路"背景下的中国与西亚国家贸易合作现状和前景展望》，载于《国际贸易》2014 年第 8 期。

［178］韩中：《全球价值链视角下中国总出口的增加值分解》，载于《数量经济技术经济研究》2016 年第 9 期。

［179］何洁、许罗丹：《中国工业部门引进外国直接投资外溢效应的实证研究》，载于《世界经济文汇》1999 年第 2 期。

［180］何洁：《外国直接投资对中国工业部门外溢效应的进一步精确量化》，载于《世界经济》2000 年第 12 期。

［181］洪世勤、顾晓燕、刘厚俊：《中国制造业出口技术结构与变化趋势研究》，载于《统计研究》2016 年第 7 期。

［182］洪世勤、刘厚俊：《出口技术结构变迁与内生经济增长：基于行业数据的研究》，载于《世界经济》2013 年第 6 期。

［183］洪世勤、刘厚俊：《我国制成品出口技术结构变化与变迁的经济效应——基于动态分类的我国制成品出口技术结构的定量分析》，载于《国际贸易问题》2013 年第 4 期。

［184］洪世勤、刘厚俊：《中国制造业出口技术结构的测度及影响因素研究》，载于《数量经济技术经济研究》2015 年第 3 期。

［185］黄灿、林桂军：《全球价值链分工地位的影响因素研究：基于发展中国家的视角》，载于《国际商务（对外经济贸易大学学报）》2017 年第 2 期。

［186］黄群慧：《工业化蓝皮书："一带一路"沿线国家工业化进程报告》，社会科学文献出版 2015 年版。

[187] 黄先海、杨高举：《中国高技术产业的国际分工地位研究：基于非竞争型投入占用产出模型的跨国分析》，载于《世界经济》2010年第5期。

[188] 黄先海、余骁：《以"一带一路"建设重塑全球价值链》，载于《经济学家》2017年第3期。

[189] 贾怀勤：《中国贸易统计如何应对全球化挑战——将增加值引入贸易统计：改革还是改进?》，载于《统计研究》2012年第5期。

[190] 江希、刘似臣：《中国制造业出口增加值及影响因素的实证研究——以中美贸易为例》，载于《国际贸易问题》2014年第11期。

[191] 江小涓：《中国的外资经济对增长结构升级和竞争力的贡献》，载于《中国社会科学》2002年第6期。

[192] 蒋殿春、张宇：《经济转型与外商直接投资技术溢出效益》，载于《世界经济》2008年第8期。

[193] 蒋灵多、谷克鉴、陈勇兵：《中国企业出口频率：事实与解释》，载于《世界经济》2017年第9期。

[194] 蒋瑛、谭新生：《利用外商直接投资与中国外贸竞争力》，载于《世界经济》2004年第7期。

[195] 鞠建东、余心玎：《全球价值链上的中国角色——基于中国行业上游度和海关数据的研究》，载于《南开经济研究》2014年第3期。

[196] 康振宇、徐鹏：《全球价值链时代的中日贸易分析——基于增加值的视角》，载于《国际贸易问题》2015年第4期。

[197] 李宾：《国内研发阻碍了我国全要素生产率的提高吗?》，载于《科学学研究》2010年第7期。

[198] 李跟强、潘文卿：《国内价值链如何嵌入全球价值链：增加值的视角》，载于《管理世界》2016年第7期。

[199] 李跟强、潘文卿：《价值链嵌入与经济周期联动——增加值的视角》，载于《统计研究》2019年第9期。

[200] 李跟强、潘文卿：《国内价值链如何嵌入全球价值链：增加值的视角》，载于《管理世界》2016年第7期。

[201] 李宏艳、王岚：《全球价值链视角下的贸易利益：研究进展述评》，载于《国际贸易问题》2015年第5期。

［202］李强、郑江淮：《基于产品内分工的我国制造业价值链攀升：理论假设与实证分析》，载于《财贸经济》2013 年第 9 期。

［203］李小平、朱钟棣：《国际贸易、R&D 溢出和生产率增长》，载于《经济研究》2006 年第 2 期。

［204］李昕、徐滇庆：《中国外贸依存度和失衡度的重新估算——全球生产链中的增加值贸易》，载于《中国社会科学》2013 年第 1 期。

［205］联合国工业发展组织（UNIDO）：《2000—2003 年度工业发展报告——通过创新和学习来参与竞争》，2004 年。

［206］刘斌、王杰、魏倩：《对外直接投资与价值链参与：分工地位与升级模式》，载于《数量经济技术经济研究》2015 年第 12 期。

［207］刘斌、魏倩、吕越、祝坤福：《制造业服务化与价值链升级》，载于《经济研究》2016 年第 3 期。

［208］刘会政、宗喆：《全球价值链下中欧增加值贸易测度及分解研究》，载于《经济经纬》2018 年第 1 期。

［209］刘林青、谭力文、施冠群：《租金、力量和绩效——全球价值链背景下对竞争优势的思考》，载于《中国工业经济》2008 年第 1 期。

［210］刘琳、盛斌：《全球价值链和出口的国内技术复杂度——基于中国制造业行业数据的实证检验》，载于《国际贸易问题》2017 年第 3 期。

［211］刘琳：《全球价值链、制度质量与出口品技术含量——基于跨国层面的实证分析》，载于《国际贸易问题》2015 年第 10 期。

［212］刘琳：《中国参与全球价值链的测度与分析——基于附加值贸易的考察》，载于《世界经济研究》2015 年第 6 期。

［213］刘梦、戴翔：《价值链贸易如何驱动经济增长——基于全球投入产出机制的新解释》，载于《国际贸易问题》2019 年第 7 期。

［214］刘梦、戴翔：《中国制造业能否摘取全球价值链"高悬的果实"》，载于《经济学家》2018 年第 9 期。

［215］刘仕国、吴海英、马涛、张磊、彭莉、于建勋：《利用全球价值链促进产业升级》，载于《国际经济评论》2015 年第 1 期。

［216］刘巳洋、路江涌、陶志刚：《外商直接投资对本土制造业企业的溢出效应：基于地理距离的研究》，载于《经济学（季刊）》2008 年第 8 期。

[217] 刘维刚、倪红福、夏杰长：《生产分割对企业生产率的影响》，载于《世界经济》2017 年第 8 期。

[218] 刘维林、李兰冰、刘玉海：《全球价值链嵌入对中国出口技术复杂度的影响》，载于《中国工业经济》2014 年第 6 期。

[219] 刘维林：《产品架构与功能架构的双重嵌入——本土制造业突破 GVC 低端锁定的攀升途径》，载于《中国工业经济》2012 年第 1 期。

[220] 刘维林：《中国式出口的价值创造之谜：基于全球价值链的解析》，载于《世界经济》2015 年第 3 期。

[221] 刘卫东、刘志高：《"一带一路"建设对策研究》，科学出版社 2016 年版。

[222] 刘祥和、曹瑜强：《"金砖四国"分工地位的测度研究——基于行业上游度的视角》，载于《国际经贸探索》2014 年第 6 期。

[223] 刘志彪、张杰：《我国本土制造业企业出口决定因素的实证分析》，载于《经济研究》2009 年第 8 期。

[224] 刘志彪、吴福象：《"一带一路"倡议下全球价值链的双重嵌入》，载于《中国社会科学》2018 年第 8 期。

[225] 刘志彪、张杰：《全球代工体系下发展中国家俘获型网络的形成、突破与对策——基于 GVC 与 NVC 的比较视角》，载于《中国工业经济》2007 年第 5 期。

[226] 刘志彪：《攀升全球价值链与培育世界级先进制造业集群——学习十九大报告关于加快建设制造强国的体会》，载于《南京社会科学》2018 年第 1 期。

[227] 卢福财、胡平波：《全球价值网络下中国企业低端锁定的博弈分析》，载于《中国工业经济》2008 年第 10 期。

[228] 罗伟、吕越：《外商直接投资对中国参与全球价值链分工的影响》，载于《世界经济》2019 年第 5 期。

[229] 罗长远、张军：《附加值贸易：基于中国的实证分析》，载于《经济研究》2014 年第 6 期。

[230] 罗长远、张军：《中国出口扩张的创新溢出效应：以泰国为例》，载于《中国社会科学》2012 年第 11 期。

[231] 罗长远、张少川：《中国贸易关键特征表现及成因分析》，载于《数量经济技术经济研究》2019 年第 2 期。

［232］吕越、陈帅、盛斌：《嵌入全球价值链会导致中国制造的"低端锁定"吗？》，载于《管理世界》2018年第8期。

［233］吕越、黄艳希、陈勇兵：《全球价值链嵌入的生产率效应：影响与机制分析》，载于《世界经济》2017年第7期。

［234］吕越、刘之洋、吕云龙：《中国企业参与全球价值链的持续时间及其决定因素》，载于《数量经济技术经济研究》2017年第6期。

［235］吕越、盛斌、吕云龙：《中国的市场分割会导致企业出口国内附加值率下降吗》，载于《中国工业经济》2018年第5期。

［236］马红旗、陈仲常：《我国制造业垂直专业化生产与全球价值链升级的关系——基于全球价值链治理视角》，载于《南方经济》2012年第9期。

［237］马述忠、张洪胜、王笑笑：《融资约束与全球价值链地位提升——来自中国加工贸易企业的理论与证据》，载于《中国社会科学》2017年第1期。

［238］马涛、刘仕国：《全球价值链下的增加值贸易核算及其影响》，载于《国际经济评论》2013年第4期。

［239］马野青、张梦、巫强：《什么决定了中国制造业在全球价值链中的地位？——基于贸易增加值的视角》，载于《南京社会科学》2017年第3期。

［240］迈克尔·波特、陈小悦译：《竞争优势》，华夏出版社1997年版。

［241］孟猛：《中国在国际分工中的地位：基于出口最终品全部技术含量与国内技术含量的跨国比较》，载于《世界经济研究》2012年第3期。

［242］孟祺：《基于"一带一路"的制造业全球价值链构建》，载于《财经科学》2016年第2期。

［243］倪红福、龚六堂、夏杰长：《生产分割的演进路径及其影响因素——基于生产阶段数的考察》，载于《管理世界》2016年第4期。

［244］倪红福、夏杰长：《中国区域在全球价值链中的作用及其变化》，载于《财贸经济》2016年第10期。

［245］倪红福：《中国出口技术含量动态变迁及国际比较》，载于《经济研究》2017年第1期。

[246] 倪红福：《全球价值链测度理论及应用研究新进展》，载于《中南财经政法大学学报》2018 年第 3 期。

[247] 倪红福：《全球价值链中产业"微笑曲线"存在吗？——基于增加值平均传递步长方法》，载于《数量经济技术经济研究》2016 年第 11 期。

[248] 潘文卿、李跟强：《中国区域的国家价值链与全球价值链：区域互动与增值收益》，载于《经济研究》2018 年第 3 期。

[249] 潘文卿、李跟强：《中国区域间贸易成本：测度与分解》，载于《数量经济技术经济研究》2017 年第 2 期。

[250] 潘文卿、李跟强：《中国制造业国家价值链存在"微笑曲线"吗？——基于供给与需求双重视角》，载于《管理评论》2018 年第 5 期。

[251] 潘文卿、娄莹、李宏彬：《价值链贸易与经济周期的联动：国际规律及中国经验》，载于《经济研究》2015 年第 11 期。

[252] 潘文卿、王丰国、李根强：《全球价值链背景下增加值贸易核算理论综述》，载于《统计研究》2015 年第 3 期。

[253] 潘文卿：《中国国家价值链：区域关联特征与增加值收益变化》，载于《统计研究》2018 年第 6 期。

[254] 柴江艺、许和连：《行业异质性、适度知识产权保护与出口技术进步》，载于《中国工业经济》2012 年第 2 期。

[255] 亓朋、许和连、艾洪山：《外商直接投资企业对本土企业的溢出效应：对中国制造业企业的实证研究》，载于《管理世界》2008 年第 4 期。

[256] 邱斌、杨帅、辛培江：《FDI 技术溢出渠道与中国制造业生产率增长研究：基于面板数据的分析》，载于《世界经济》2008 年第 8 期。

[257] 邱斌、叶龙凤、孙少勤：《参与全球生产网络对我国制造业价值链提升影响的实证研究——基于出口复杂度的分析》，载于《中国工业经济》2012 年第 1 期。

[258] 桑百川：《提升我国企业在全球价值链中的地位》，载于《人民日报》2016 年 3 月 27 日。

[259] 桑百川：《推动企业积极应对全球价值链重构》，载于《光明日报》2016 年 3 月 24 日。

［260］沈能、周晶晶：《参与全球生产网络能提高中国企业价值链地位吗："网络馅饼"抑或"网络陷阱"》，载于《管理工程学报》2016年第4期。

［261］盛斌、陈帅：《全球价值链如何改变了贸易政策：对产业升级的影响和启示》，载于《国际经济评论》2015年第1期。

［262］盛斌、景光正：《金融结构、契约环境与全球价值链地位》，载于《世界经济》2019年第4期。

［263］盛斌、马涛：《中国工业部门垂直专业化与国内技术含量的关系研究》，载于《世界经济研究》2008年第8期。

［264］盛斌、毛其淋：《进口贸易自由化是否影响了中国制造业出口技术复杂度》，载于《世界经济》2017年第12期。

［265］盛丹、王永进：《市场化、技术复杂度与中国省区的产业增长》，载于《世界经济》2011年第6期。

［266］施炳展、吴丽帆：《中国进口潜力：趋势、分布与源泉》，载于《南开学报（哲学社会科学版）》2019年第3期。

［267］施炳展：《中国出口产品的国际分工地位研究——基于产品内分工的视角》，载于《世界经济研究》2010年第1期。

［268］施振荣：《再造宏碁：开创、成长与挑战》，中信出版社2005年版。

［269］苏庆义：《中国加强与"一带一路"沿线国家经贸联系的政策思考》，载于《国际贸易》2017年第4期。

［270］苏庆义：《中国省级出口的增加值分解及其应用》，载于《经济研究》2016年第1期。

［271］唐海燕、张会清：《产品内国际分工与发展中国家的价值链提升》，载于《经济研究》2009年第9期。

［272］唐宜红、张鹏杨、梅冬州：《全球价值链嵌入与国际经济周期联动：基于增加值贸易视角》，载于《世界经济》2018年第11期。

［273］唐宜红、张鹏杨：《FDI、全球价值链嵌入与出口国内附加值》，载于《统计研究》2017年第4期。

［274］唐宜红、张鹏杨：《中国企业嵌入全球生产链的位置及变动机制研究》，载于《管理世界》2018年第5期。

［275］田开兰、祝坤福、杨翠红：《中国出口比较优势分析——基

于不同贸易方式生产异质性的研究》，载于《中国管理科学》2017 年第
9 期。

[276] 童伟伟、张建民：《中国对美出口的国内外价值含量分解研究》，载于《国际贸易问题》2013 年第 5 期。

[277] 王滨：《FDI 技术溢出、技术进步与技术效率——基于中国制造业 1999—2007 年面板数据的经验研究》，载于《数量经济技术经济研究》2010 年第 2 期。

[278] 王金亮：《基于上游度测算的我国产业全球地位分析》，载于《国际贸易问题》2014 年第 3 期。

[279] 王岚、李宏艳：《中国制造业融入全球价值链路径研究——嵌入位置和增值能力的视角》，载于《中国工业经济》2015 年第 2 期。

[280] 王岚、盛斌：《全球价值链分工背景下的中美增加值贸易与双边贸易利益》，载于《财经研究》2014 年第 9 期。

[281] 王岚：《全球价值链背景下的新型国际贸易统计体系及其对中国的启示》，载于《国际经贸探索》2013 年第 11 期。

[282] 王岚：《全球价值链分工背景下的附加值贸易：框架、测度和应用》，载于《经济评论》2013 年第 3 期。

[283] 王岚：《全球价值链嵌入与贸易利益：基于中国的实证分析》，载于《财经研究》2019 年第 7 期。

[284] 王岚：《全球价值链视角下双边真实贸易利益及核算——基于中国对美国出口的实证》，载于《国际贸易问题》2018 年第 2 期。

[285] 王岚：《融入全球价值链对中国制造业国际分工地位的影响》，载于《统计研究》2014 年第 5 期。

[286] 王磊、魏龙：《新兴经济体如何进行价值链升级：基于国际分工视角的文献综述》，载于《经济评论》2018 年第 3 期。

[287] 王思语、郑乐凯：《全球价值链嵌入特征对出口技术复杂度差异化的影响》，载于《数量经济技术经济研究》2019 年第 5 期。

[288] 王思语、郑乐凯：《制造业出口服务化与价值链提升——基于出口复杂度的视角》，载于《国际贸易问题》2018 年第 5 期。

[289] 王思语、郑乐凯：《制造业服务化是否促进了出口产品升级——基于出口产品质量和出口技术复杂度双重视角》，载于《国际贸易问题》2019 年第 11 期。

［290］王孝松、吕越、赵春明：《贸易壁垒与全球价值链嵌入——以中国遭遇反倾销为例》，载于《中国社会科学》2017年第1期。

［291］王欣、陈丽珍：《外国直接投资、前后向关联与技术溢出》，载于《数量经济技术经济研究》2008年第11期。

［292］王英、刘思峰：《国际技术外溢渠道的实证研究》，载于《数量经济技术经济研究》2008年第4期。

［293］王永进、刘灿雷、施炳展：《出口下游化程度、竞争力与经济增长》，载于《世界经济》2015年第10期。

［294］王永进、盛丹、施炳展、李坤望：《基础设施如何提升了出口技术复杂度？》，载于《经济研究》2010年第7期。

［295］王玉燕、林汉川、吕臣：《全球价值链嵌入的技术进步效应——来自中国工业面板数据的经验研究》，载于《中国工业经济》2014年第9期。

［296］王玉燕、林汉川：《全球价值链嵌入能提升工业转型升级效果吗——基于中国工业面板数据的实证检验》，载于《国际贸易问题》2015年第11期。

［297］卫瑞、张文城、张少军：《全球价值链视角下中国增加值出口及其影响因素》，载于《数量经济技术经济研究》2015年第7期。

［298］魏龙、王磊：《从嵌入全球价值链到主导区域价值链——"一带一路"战略的经济可行性分析》，载于《国际贸易问题》2016年第5期。

［299］魏龙、王磊：《全球价值链体系下中国制造业转型升级分析》，载于《数量经济技术经济研究》2017年第6期。

［300］魏伟、杨勇、张建清：《内资企业实现技术赶超了吗？——来自中国制造业行业数据的经验研究》，载于《数量经济技术经济研究》2011年第9期。

［301］魏艺明、魏玮、姚博：《全球生产分工与我国增加值贸易高质量发展》，载于《世界经济与政治论坛》2019年第6期。

［302］文东伟：《全球价值链分工与中国的贸易失衡——基于增加值贸易的研究》，载于《数量经济技术经济研究》2018年第11期。

［303］文东伟：《增加值贸易与中国比较优势的动态演变》，载于《数量经济技术经济研究》2017年第1期。

[304] 文东伟：《中国制造业出口的技术复杂度及其跨国比较研究》，载于《世界经济研究》2011 年第 6 期。

[305] 文东伟：《中国制造业出口贸易的技术结构分布及其国际比较》，载于《世界经济研究》2012 年第 10 期。

[306] 西蒙·库兹涅茨，戴睿、易诚译：《现代经济增长：速度、结构与扩展》，北京经济学院出版社 1989 年版。

[307] 习近平：《携手推进"一带一路"建设》，载于《人民日报》2017 年 5 月 15 日。

[308] 夏明、张红霞：《增加值贸易测算：概念与方法辨析》，载于《统计研究》2015 年第 6 期。

[309] 肖宇、夏杰长、倪红福：《中国制造业全球价值链攀升路径》，载于《数量经济技术经济研究》2019 年第 11 期。

[310] 谢建国、周露昭：《进口贸易、吸收能力与国际 R&D 技术溢出：中国省区面板数据的研究》，载于《世界经济》2009 年第 9 期。

[311] 辛娜、袁红林：《全球价值链嵌入与全球高端制造业网络地位：基于增加值贸易视角》，载于《改革》2019 年第 3 期。

[312] 幸炜、李长英、沈伟：《增加值贸易视角下全球价值链双边嵌套特征及其动态演进》，载于《世界经济研究》2018 年第 4 期。

[313] 徐久香、方齐云：《基于非竞争型投入产出表的我国出口增加值核算》，载于《国际贸易问题》2013 年第 11 期。

[314] 许和连、魏颖绮、赖明勇、王晨刚：《外商直接投资的后向链接溢出效应研究》，载于《管理世界》2007 年第 4 期。

[315] 薛漫天、赵曙东：《外商直接投资：垂直型还是水平型》，载于《经济研究》2007 年第 2 期。

[316] 闫云凤、赵忠秀：《中国在全球价值链中的嵌入机理与演进路径研究：基于生产链长度的分析》，载于《世界经济研究》2018 年第 6 期。

[317] 闫云凤：《中日韩在全球价值链中的地位和作用——基于贸易增加值的测度与比较》，载于《世界经济研究》2015 年第 1 期。

[318] 杨高举、黄先海：《内部动力与后发国分工地位升级——来自中国高技术产业的证据》，载于《中国社会科学》2013 年第 2 期。

[319] 杨继军：《增加值贸易对全球经济联动的影响》，载于《中

国社会科学》2019 年第 4 期。

［320］杨仁发、刘勤玮：《生产性服务投入与制造业全球价值链地位：影响机制与实证检验》，载于《世界经济研究》2019 年第 4 期。

［321］杨汝岱、姚洋：《有限赶超和大国经济发展》，载于《国际经济评论》2006 年第 4 期。

［322］杨晓静：《FDI 技术溢出对中国本土制造业出口国内技术含量的影响研究》，经济科学出版社 2016 年版。

［323］姚博、汪红驹：《中间品进口与企业技术进步：影响机制及其检验》，载于《世界经济与政治论坛》2019 年第 3 期。

［324］姚博、魏玮：《参与生产分割对中国工业价值链及收入的影响研究》，载于《中国工业经济》2012 年第 10 期。

［325］姚洋、张晔：《中国出口品国内技术含量升级的动态研究——来自全国及江苏省、广东省的证据》，载于《中国社会科学》2008 年第 2 期。

［326］于津平、邓娟：《垂直专业化、出口技术含量与全球价值链分工地位》，载于《世界经济与政治论坛》2014 年第 2 期。

［327］余东华、田双：《嵌入全球价值链对中国制造业转型升级的影响机理》，载于《改革》2019 年第 3 期。

［328］余淼杰：《加工贸易、企业生产率和关税减免——来自中国产品面的证据》，载于《经济学（季刊）》2011 年第 10 期。

［329］俞荣建、吕福新：《由 GVC 到 GVG："浙商"企业全球价值体系的自主构建研究——价值权力争夺的视角》，载于《中国工业经济》2008 年第 4 期。

［330］俞荣建、文凯：《揭开 GVC 治理"黑箱"：结构、模式、机制及其影响——基于 12 个浙商代工关系的跨案例研究》，载于《管理世界》2011 年第 8 期。

［331］俞荣建：《基于共同演化范式的代工企业 GVC 升级机理研究与代工策略启示——基于二元关系的视角》，载于《中国工业经济》2010 年第 2 期。

［332］袁征宇、郑乐凯、王清晨：《中国制成品出口技术含量测度及其跨国比较研究——基于贸易增加值前向分解法》，载于《当代财经》2018 年第 2 期。

[333] 占丽、戴翔、张为付：《产业上游度、出口品质与全球价值链攀升——中美"悖论"的经验证据及启示》，载于《财经科学》2018年第9期。

[334] 张二震、安礼伟：《国际分工新特点与我国参与国际分工的新思路》，载于《经济理论与经济管理》2002年第12期。

[335] 张二震、戴翔：《以"一带一路"为抓手构建全球价值链》，载于《新华日报》2017年5月25日。

[336] 张二震：《顺应全球价值链演进新趋势》，载于《新华日报》2017年12月20日。

[337] 张海燕：《基于附加值贸易测算法对中国出口地位的重新分析》，载于《国际贸易问题》2013年第10期。

[338] 张海洋：《R&D两面性、外资活动与中国工业生产率增长》，载于《经济研究》2005年第5期。

[339] 张海洋：《中国工业部门R&D吸收能力与外资技术扩散》，载于《管理世界》2005年第6期。

[340] 张辉、易天、唐毓璇：《一带一路：全球价值双环流研究》，载于《经济科学》2017年第3期。

[341] 张辉：《全球价值双环流架构下的"一带一路"倡议》，载于《经济科学》2015年第3期。

[342] 张军：《增长、资本形成与技术选择：解释中国经济增长下降的长期因素》，载于《经济学（季刊）》2002年第1期。

[343] 张鹏杨、唐宜红：《FDI如何提高我国出口企业国内附加值？——基于全球价值链升级的视角》，载于《数量经济技术经济研究》2018年第7期。

[344] 张其仔、李蕾：《制造业转型升级与地区经济增长》，载于《经济与管理研究》2017年第2期。

[345] 张少军、刘志彪：《国内价值链是否对接了全球价值链——基于联立方程模型的经验分析》，载于《国际贸易问题》2013年第2期。

[346] 张少军、刘志彪：《全球价值链与全球城市网络的交融——发展中国家的视角》，载于《经济学家》2017年第6期。

[347] 张为付、戴翔：《中国全球价值链分工地位改善了吗？——基于改进后出口上游度的再评估》，载于《中南财经政法大学学报》

2017 年第 4 期。

［348］张夏、施炳展、汪亚楠、金泽成：《经济政策不确定性真的会阻碍中国出口贸易升级吗?》，载于《经济科学》2019 年第 2 期。

［349］张小蒂、孙景蔚：《基于垂直专业化分工的中国产业国际竞争力分析》，载于《世界经济》2006 年第 5 期。

［350］张咏华：《中国制造业增加值出口与中美贸易失衡》，载于《财经研究》2013 年第 2 期。

［351］赵东麒、桑百川：《"一带一路"倡议下的国际产能合作——基于产业国际竞争力的实证分析》，载于《国际贸易问题》2016 年第10 期。

［352］赵玉焕、常润岭：《全球价值链和增加值视角下国际贸易统计方法研究》，载于《国际贸易》2012 年第 12 期。

［353］郑丹青、于津平：《增加值贸易视角下双边贸易利益再分解——以中美贸易为例》，载于《世界经济研究》2016 年第 5 期。

［354］郑乐凯、王思语：《中国产业国际竞争力的动态变化分析——基于贸易增加值前向分解法》，载于《数量经济技术经济研究》2017 年第 12 期。

［355］郑伟、桑百川：《"一带一路"倡议的理论基础探析——基于世界市场失灵的视角》，载于《东北亚论坛》2017 年第 2 期。

［356］周大鹏：《进口服务中间投入对我国制造业全球价值链分工地位的影响研究》，载于《世界经济研究》2015 年第 8 期。

［357］周大鹏：《外资研发是否促进了本土创业：基于中国高技术制造企业的联立方程模型研究》，载于《世界经济研究》2019 年第6 期。

［358］周大鹏：《中国产业国际竞争力的评估及企业所有制差异的影响研究——基于出口增加值核算方法的分析》，载于《世界经济研究》2014 年第 9 期。

［359］周升起、兰珍先、付华：《中国制造业在全球价值链国际分工地位再考察——基于 Koopman 等的"GVC 地位指数"》，载于《国际贸易问题》2014 年第 2 期。

［360］祝坤福、陈锡康、杨翠红：《中国出口的国内增加值及其影响因素分析》，载于《国际经济评论》2013 年第 4 期。

［361］祝树金、戢璇、傅晓岚：《出口品技术水平的决定性因素：来自跨国面板数据的证据》，载于《世界经济》2010 年第 4 期。

［362］祝树金、金小剑、赵玉龙：《进口产品转换如何影响出口国内增加值》，载于《国际贸易问题》2018 年第 11 期。

［363］祝树金、张鹏辉：《中国制造业出口国内技术含量及其影响因素》，载于《统计研究》2013 年第 6 期。

［364］祝树金、张桑桑：《制造业出口技术结构变迁影响出口不稳定性的实证研究》，载于《财贸研究》2014 年第 4 期。